# ステッチひとつで花開く
# はじめての刺繍レッスン

チャン・ミナ（ミナランド）著

ホビージャパン

Prologue

# 色とりどりの美しい花刺繡であふれる
# ミナランドにようこそ

　"ミナランド"は幼い頃からの私の夢でした。漫画好きだったので、将来は有名アニメ監督になってディズニーランドのようなテーマパークを作りたいと思っていました。時が流れて今、私は花を刺繡して自分の作品がいっぱいのミナランドを作っています。

　幼い頃から一人で黙々と作業するのが好きでした。机に向かって編み物をしたり、折り紙を折ったり、絵を描いたり。作品を1つ作り上げるたびに心が満たされました。この頃からデザイナーになりたかったのだと思います。大学では美術を専攻し、卒業後は仕事に打ち込みました。その間に想像の翼を広げテーマパーク作りを夢見ていた子はいなくなってしまいました。6年間の会社員生活を送ったのちに退社し、済州島で暮らす機会を得ました。一人の時間ができると何かを作っては楽しんでいた頃を思い出しました。その時に始めたのがフランス刺繡です。

　思い返すと、初めて出会った刺繡は小学生の時に習った"スキル刺繡【訳注：プラスチックキャンバスなどを使う方法】"でした。短くふわふわした毛糸を1本ずつつまんで枠にはめるのに集中していると時間が経つのも忘れていました。その後、クロスステッチにも凝りました。クロスステッチは数多くのフランス刺繡のステッチのうち1種類の技法だけを使うものです。フランス刺繡にはさまざまなステッチ技法があると知るにつれ、どんどん刺繡の魅力にはまっていきました。図案が同じでもステッチを使い分けることでバラになったり菊になったりするのを目のあたりにして、花刺繡を本格的に始めました。「このステッチにはどんな花が似合う？」「この花はどう表現すればいい？」と考えを巡らせながら、さまざまなステッチで花を表現するのを楽しんでいます。

　私が刺繡に出会って、ステッチだけでさまざまな花を表現していく楽しさに魅了されたように、皆さんにも刺繡の楽しさを体験してほしいという思いから、この本を作りました。まずは基礎的なステッチの技法を身につけ、9つの練習図案を刺していろいろな花びらを表現してみてください。次に好きな花をきれいな色糸で1つ1つ刺してみてください。赤い椿、白いシロツメクサ、黄色い菜の花、花かごや鉢植えまで、美しい生花の色を盛り込んだ刺繡図案をご紹介します。花刺繡とともに香りあふれる日常を楽しんでください。皆さんの心の中にも童話のような美しい空間が生まれることを心から願っています。

# この本の見方

## ① 刺繍を始めるための準備をします。

〈Basic：花刺繍に親しむ時間〉では、最低限、準備しておく必要があるもの、また、もっと多彩な刺繍をするために必要となる材料や道具を紹介します。実際に刺繍を始める前の図案写し、枠のはめ方、枠の裏面仕上げ、糸通しや糸留めの方法などの準備について学びます。

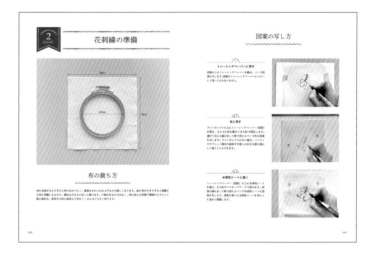

## ② 基礎のステッチをしっかり身につけます。

〈Part 1：じっくり学ぶ時間〉では数あるステッチ技法のうち、花、葉、茎、鉢やかご等を刺繍するのに必要な 22 の基礎ステッチを学びます。それぞれのステッチに基本形と応用形があります。基本形を少し応用するだけでも多様な花の形を表現できます。図解だけだとわかりにくい場合は、QR コードを読み込んで動画を参考にしてみてください。

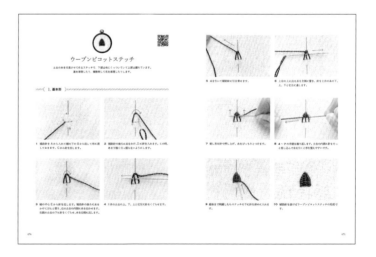

## ステッチを自由自在に
## 刺せるように練習します。

これまでに学んだ基礎ステッチを図案に
適用してみます。シンプルな形の花を刺
繍して基礎ステッチが身につくまで練習
してみましょう。ステッチひとつで花が
できあがるのを見れば、きっと自信がつ
きますよ。繰り返し練習すればするほど、
手間取らなくなり、上達していきます。

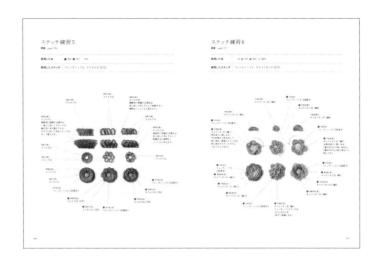

## 花をひとつひとつ
## 刺繍していきます。

〈Part 2：花を刺繍する時間〉では、付
録にある実物大の線図案を布に写し、
説明を参考にしながら刺繍してみま
す。使用した糸の実際の色が見られる
よう完成版のカラー写真を載せていま
す。使用した糸の番号と色見本を参考に
用意してください。同じ花を2種類の図
案で刺繍する場合もあります。基本図案
に慣れてきたら応用図案を参考にして
さまざまな花刺繍を楽しんでください。

※ 刺繍糸の番号横の（ ）内の数字は使用した
糸の本数です。

※ 基本的にDMC25番刺繍糸を使用していま
す。ほかの刺繍糸を使用した場合は、別途表示
しています。

「＋実物大の図案」

「例：**333(6)**：333番刺繍糸6本どり」

# CONTENTS

## 花刺繍に親しむ時間

$\mathcal{P}art\ 1$

# じっくり学ぶ時間

## *Part* 2
# 花を刺繍する時間

### *#1* 紫と青い花

◇ラベンダー …… **102**　　◇ブルースター …… **106**　　◇ブルーエルフィン …… **110**　　◇クレマチス …… **114**

図案の応用：ラベンダーリース

### *#2* 黄色とオレンジ色の花

◇ひまわり …… **120**　　◇菜の花 …… **124**　　◇アイスランド
　　　　　　　　　　　　　　　　　　　　　　　　ポピー …… **128**　　◇レンギョウ …… **132**

図案の応用：ひまわりパターン

図案の応用：
アイスランドポピー花瓶

### *#3* ピンクの花

◇りんごの花 …… **138**　　◇梅の花 …… **142**　　◇桜の花 …… **146**　　◇小菊 …… **150**

## #4 赤い花

## #5 白い花

## #6 特別な色の組み合わせ

Basic

# 花刺繍に親しむ時間

# 花刺繍のために用意するもの

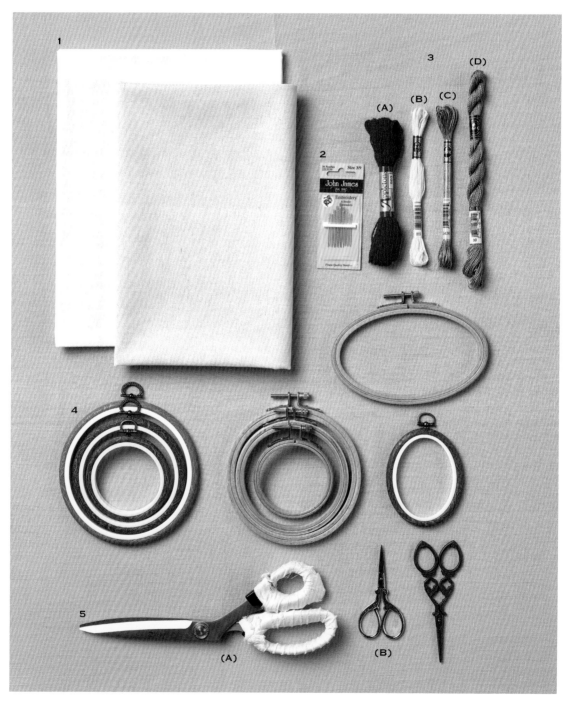

# 基本の材料と道具

## 1 布

刺繍布としては主にリネン（麻）やコットン（綿）など
を使用します。本書では、11番手のハーフリネン（綿麻）
と20番手のウォッシングコットン（綿100%）を使用し
ています。布の種類名の前にある「カウント（11や20
などの数字）」は布を織る糸の太さを意味し、数が大きく
なるほど糸が細く、密に織られた柔らかい布になります。

※ 刺繍後に水洗いすると、布によっては縮むことがあります。こ
のような布はあらかじめ水洗いしておく必要がありますが、ウォッ
シング加工された布を使えばその手間が省けます。

## 2 針

使用する糸の本数と用途に合わせて針を選びます。一般
的に3〜9号までのサイズが入った刺繍針セットを購入
すれば便利でしょう。No.（号数）が大きくなるほど細
く短くなります。下の表を参考にして、糸の数に応じて
針を選びましょう。

| 糸 | 1〜2本 | 3〜4本 | 5〜6本 |
|---|---|---|---|
| 針のサイズ | 8〜9号 | 5〜7号 | 3〜4号 |

※ 刺繍針は消耗品ですので、長く使うと変色したり錆びたりして
滑りが悪くなります。その場合は新しい針に交換するか、針磨き
を使ってください。

## 3 糸

• アップルトンウール糸（A）：1本の糸です。ウール（羊
毛）で作られていて柔らかく暖かい感じが表現できます。

• DMC 25番刺繍糸 綿糸（B）：最もよく使用する基本の
刺繍糸です。6本の細い糸がより合わされているので、
必要な本数を引き抜いて使います。

• DMC ライトエフェクト糸（C）：メタリックな質感の
光り輝く糸です。25番刺繍糸のように6本の細い糸が
より合わされているので、必要な本数だけ引き抜いて使
います。綿糸より絡まりやすく先が割れやすいので使用
する時は注意が必要です。

• DMC 5番刺繍糸 綿糸（D）：光沢のある太い綿糸でコッ
トンパールとも呼ばれます。太いので、主に1本どりで
使います。

## 4 刺繍枠

布をぴんと張ってしっかり枠に固定することで、針が刺
しやすく、きれいに刺繍ができます。枠の大きさは、図
案がすっぽりおさまるくらいが適当です。大きすぎる
と手首に負担がかかるので、最初は片手で持てる10〜
12cm程度のものを使うのがいいでしょう。素材は木、
ゴム、プラスチックなどがあり、形もさまざまなので、
好みに合わせて選べます。

## 5 はさみ

布を断つ時は裁断用ばさみ（A）、糸を切る時は刃先が鋭
く切れ味のよい糸切りばさみ（B）を使用します。用途
に合わせて使い分けると刃を傷めずに長く使えます。

# 図案を写す材料と道具

## 1
### トレーシングペーパー
半透明の薄い紙で、図案を写す時に使います。

## 2
### ライトボックス（LEDトレース台）
図案を光で透かして簡単に描くことができます。一般的に明るい色の布に使用します。

## 3
### 水溶性シート
水に溶ける薄い下絵用シートで、図案を直接描きにくい布（ニットのように伸びる素材）や色の濃い布に刺繍する時に使います。水溶性シートに図案を描いたあと、布に重ねて一緒に枠に挟んで使います。刺繍し終わったら周りの余分な部分を切り落としてから水洗いして溶かします。

※ シートを完全に洗い流さないと糸や布に付着して固まることがあります。手で優しくこすってきれいに洗い流してください。

## 4
### 定規
きれいに刺繍するためには図案を正確に描く必要があります。直線や円形を描く時は定規を使います。

## 5
### 熱で消えるペン
ドライヤーやアイロンで熱を加えるとインクが消えるペンで、布に図案を描く時に使います。さまざまな太さがあり、繊細な図案を描くことができます。

# そのほかの材料と道具

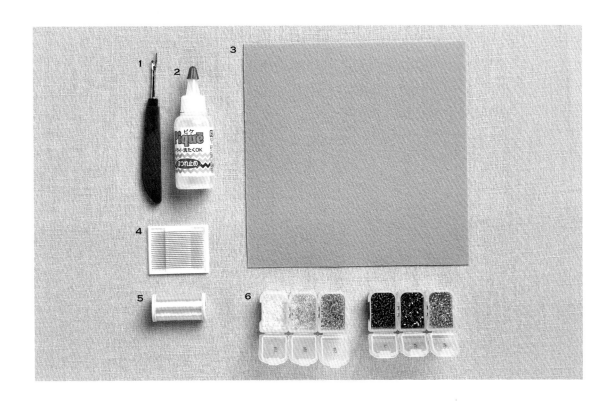

---

### 1
#### リッパー

間違えたり気に入らなかったりした時、布を傷つけずに簡単に糸をほどくことができます。

### 2
#### ほつれ止め液

ポーチやエコバッグのような実用小物を作る時、刺繍の裏面の糸を処理した部分に塗って、ほつれないようにします。

※ ほつれ止め液が布に広がると刺繍した部分に染み出すことがあるので、糸だけにつけましょう。

### 3
#### フェルト

刺繍の裏面をきれいに仕上げるために使います。本書では厚さ1～1.2mmの（樹脂加工された）ハードフェルトを使用しています。

---

### 4
#### ビーズ針

全体が細く、針頭が小さいため、ビーズを通しやすい針です。ビーズ針がない場合は9号針を使います。

### 5
#### 透明糸

非常に細く透明な糸で、小さなビーズを通してきれいに刺繍できます。

### 6
#### ビーズ

さまざまな形、大きさ、色があり、多彩な刺繍を表現できます。花刺繍には2～3mmのシードビーズ、六角ビーズを主に使用します。

# 花刺繍の準備

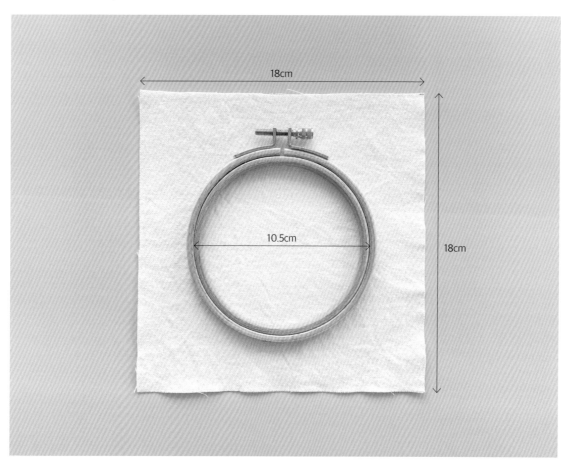

## 布の裁ち方

　布に余裕がなさすぎると枠にはめづらく、裏面をきれいに仕上げるのも難しくなります。逆に布が大きすぎると刺繍する時に邪魔になるので、適当な大きさに切って使います。小物を作るのではなく、枠に挟んだ状態で額縁のようにして飾る場合は、使用する枠の直径より布を7～8cmほど大きく切ります。

# 図案の写し方

## 1
### トレーシングペーパーに写す

図案の上にトレーシングペーパーを載せ、ペンで図案を写します。コピー機で図案をトレーシングペーパーにコピーして使ってもかまいません。
ライトボックスを使用する場合は **2-1**、水溶性シートに写す場合は **2-2** を参考にしてください。

## 2-1
### 布に写す

ライトボックスの上にトレーシングペーパー（図案）を置き、その上に布を載せてまち針で固定します。透けて見える線に沿って熱で消えるペンで布に図案を写します。ライトボックスがない場合、パソコンやタブレット端末の画面や日差しのあたる窓に透かして描くこともできます。

## 2-2
### 水溶性シートに描く

トレーシングペーパー（図案）の上に水溶性シートを載せ、まち針やマスキングテープで留めます。図案の線に沿って熱で消えるペンで水溶性シートに図案を写します。図案を描いた水溶性シートを布の上に重ねて刺繍します。

# 枠の張り方

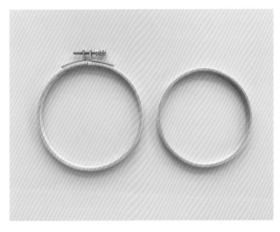

**1** ネジを緩めて、ネジのついた外枠と、内枠に分けます。

**2** 図案が中心に来るように内枠を布の上に置き、枠に沿って線を描きます。

> **POINT**：線を描いておくと、外枠をはめた時に布が引っ張られて図案がゆがんだり、図案が中心からずれたりするのを防げます。

**3** 布に描いた線に合わせて、布を内枠の上に載せます。

**4** 図案の位置がずれないように両手で外枠をはめます。外枠がうまくはまらない時は、ネジを緩め、また緩すぎる時は少し締めます。

**5** 枠が外れないようにネジを少しずつ締めながら枠の
外に出ている布をまんべんなく引っ張り、しっかりと
張ります。

POINT：刺繍すると布が少し緩みます。途中で布を引きながら
ぴんと張った状態を保つと均等に糸を刺せます。

**6** 布が動かないようにネジをしっかりと締めます。

★ 水溶性シートに図案を描いた場合は、**3** で内枠→布→
シートの順に載せて **4** に進みます。

# 刺繍糸の準備

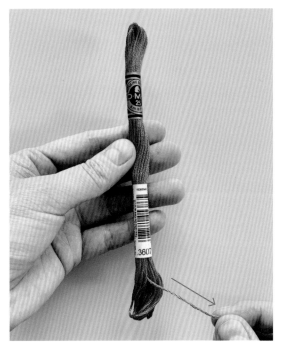

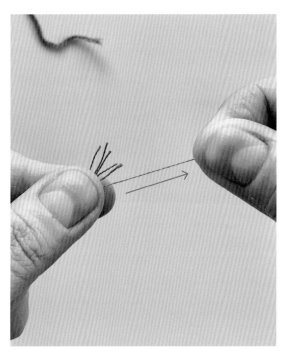

**1** 糸の下側に出ている糸端を引いて50〜60cmの長さに切ります。

　**POINT**：糸が短すぎると頻繁に継がなければならず、長すぎると絡まりがちです。腕の長さほどに切って使うと、腕に負担がかからずに刺せます。

**2** 糸の先のねじれを軽くほぐし、必要な本数を1本ずつ引き抜いて使用します。

　**POINT**：糸は必ず1本ずつ引き出し、きれいにそろえてから使います。そうすると絡まらず、糸目がきれいに整います。刺していると糸がよじれることがありますが、糸を針から抜くか、針を布のほうに寄せてから、1本ずつ整えてください。

# 針に糸を通す

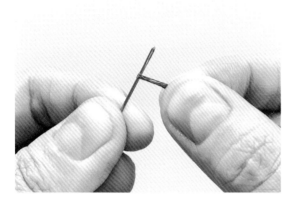

**1** 針の先に糸を引っかけて折り目をつけます。

**2** 糸をつまんだまま針を抜き、指で折り目を押さえて平たくします。

**3** 糸の折り目が少し見える位置を押さえたまま、針穴に糸を通します。

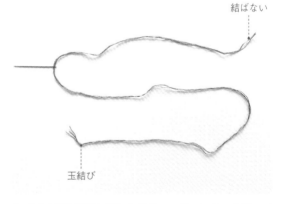

結ばない

玉結び

**4** 糸を1/3ほど引き出した状態で、長いほうの糸端に玉結びを作ります。

**POINT**：糸の片端がほどけていないと刺し目を間違ったり気に入らなかったりした時に針を外してやり直すことができません。

# 糸の結び方

## 刺し始めの玉結び

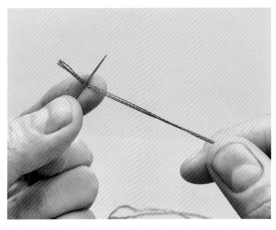

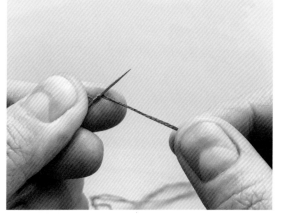

**1** 針を持ち、人差し指と針の間に糸を（針と）十字になるように挟みます。

**2** 片方の手で糸端と針を持ったまま、もう一方の手で糸を針に巻きつけます。糸の本数によって2〜3回巻きます。

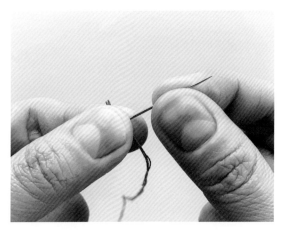

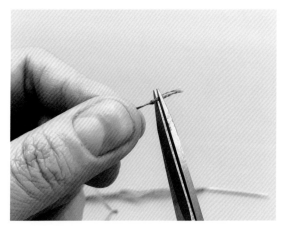

**3** 巻きつけた部分をつまんだまま、もう一方の手で針を上に引っ張り上げます（糸がぴんと張るまで引ききる）。

**4** しっかりと玉結びをして、余分な糸は短く切ります。

**POINT**：玉結びの先に糸を長いまま残していると、刺繍している際、糸が表側についてきてしまうことがあります。

# 刺し終わりの玉留め

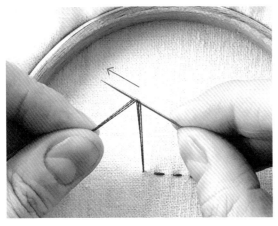

**1** 左手で糸をつまみ、針を糸の後ろから手前に入れて引っ張ります。

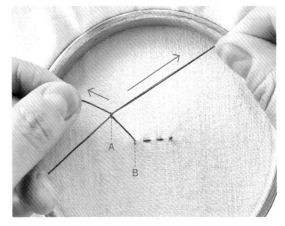

**2** 写真のように輪ができたら、糸が交差するA点が布のB点にぴったりつくように糸を引きます。

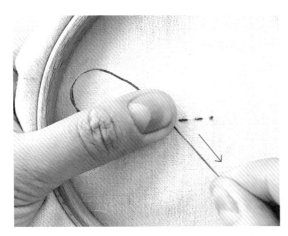

**3** AがBにぴったりついたら、指で押さえたまま糸を引きます。

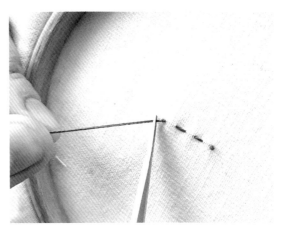

**4** 玉留めの近くで糸を切って仕上げます。

# 基本の姿勢

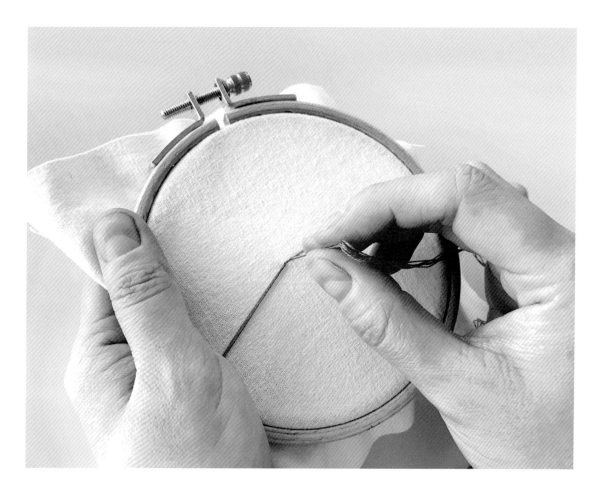

　片手で軽く枠を握り、もう一方の手の親指、人差し指、中指でしっかり針をつまみます。布に対して針を垂直に刺して抜くと正確な位置に刺繍ができます。

# 枠の裏面の仕上げ方

**1** 内枠の内径サイズにフェルトを切って準備します。

**2** 刺繍を完成させたあと、外枠の周りを2cmほど残して布を丸く切ります。

**3** 枠をひっくり返して、残った布をなみ縫いにします。

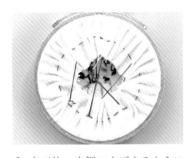

**4** 布が枠の内側にすぼまるように糸を引き、その糸でジグザグに縫い留めます。

**5** 用意したフェルトを載せてブランケットステッチで布に縫いつけます。この時、縫い始めの反対側をまち針で留めてフェルトが動かないようにします。

**POINT**：糸が途中で足りなくならないよう、フェルトの周囲の3倍以上の長さを用意しましょう。

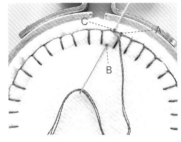

**6** 等間隔で縁に沿って刺し、刺し始めのステッチAに糸をかけてBに刺し入れ、フェルトと布の間のCから抜きます。

**7** 針が出たフェルトと布の間に2〜3目細かく刺して糸を留めます。フェルトの後ろ側から前の真ん中に針を抜き、引いて出た糸を切ります。

**8** 裏面がきれいに仕上がります。

**POINT**：写真ではステッチがよく見えるようにピンクの糸を使いましたが、フェルトの色と合わせるとすっきりした仕上がりになります。

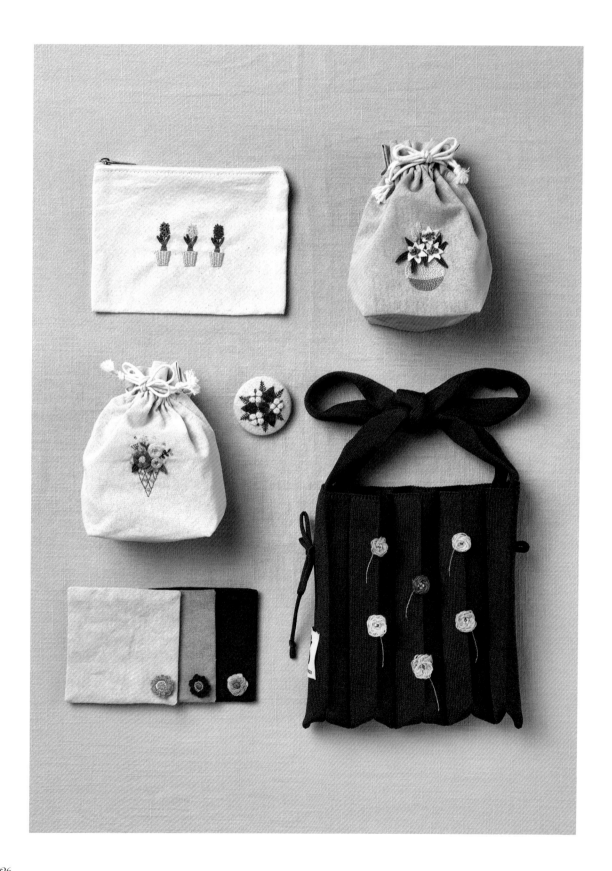

# 刺繍の小物作り

## 手芸用素材を活用する

**1** 図案を素材（コットンポーチ、エコ
バッグ、ハンカチ等）に写します。

**POINT**：トレーシングペーパーを使用
する場合は、ポーチの内側にトレーシン
グペーパーを入れ、熱で消えるペンで線
に沿って描き、水溶性シートを使用する
場合はポーチの上に載せて枠に挟んで
ください。

**2** 素材をしっかり広げて枠に挟んだ
あと、周りの布が邪魔にならない
ように片手でつかみながら刺繍し
ます。

# 香り袋作り

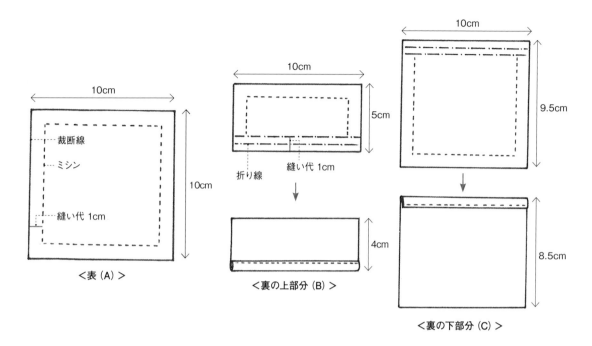

10cm

10cm

裁断線

ミシン

縫い代 1cm

<表（A）>

10cm

5cm

折り線　　縫い代 1cm

↓

4cm

<裏の上部分（B）>

10cm

9.5cm

↓

8.5cm

<裏の下部分（C）>

**1** 裁断線より大きめに布を切ってから、刺繍を施します。刺し終えたあとで 10×10cm の大きさに裁断します。

**2** 裏は上下を別々に作ります。上部分（B）は表（A）と同じ布で、下部分（C）は薄くて透け感のあるシルクやオーガンジーのような布を使います。上下が重なる部分は縫い代を三つ折りにしてミシンをかけます。

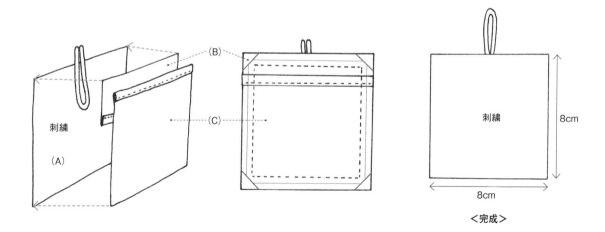

（B）

刺繍

（A）

（C）

刺繍

8cm

8cm

<完成>

**3** 表（A）の刺繍部分が上に来るように置き、その上にリボン、次に裏の上部分（B）、最後に裏の下部分（C）の順に重ねてミシンをかけます。

POINT：ミシンをかけたあと、角の部分と縫い代を切って整えると、裏返した時にきれいに仕上がります。

**4** （B）と（C）の間を広げてひっくり返し、ポケット部分にポプリを入れれば完成です。

POINT：ポプリを小袋に入れてからサシェに入れると中身がこぼれずに使えます。

# ファスナーポーチ作り

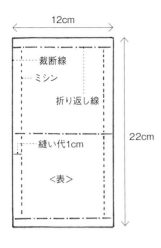

12cm

- 裁断線
- ミシン
- 折り返し線

22cm

- 縫い代1cm

<表>

刺繍

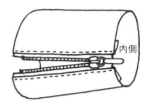

内側

**1** 裁断線より大きめに布を切ってから、刺繍を施します。刺し終えたあとに 12 × 22cm の大きさに裁断します。

**2** 表の縫い代（1cm）を内側に折ってからファスナーに重ねてミシンをかけます。

**3** 反対側も同じ要領でファスナーに重ねてミシンをかけます。

**POINT**：この時、ファスナーを開けておくと縫いやすくなります。

内側

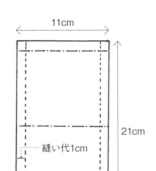

11cm

21cm

- 縫い代1cm

<内袋>

内側

**4** 中表にしてから両端にミシンをかけます（縫い代 1cm）。再び裏返して表地を完成させます。

**5** 内袋は 11 × 21cm の大きさに裁断します。

**6** 内袋は中表にして半分に折り、両側の縫い代（1cm）にミシンをかけます。

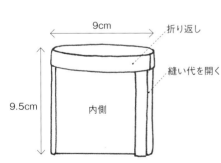

9cm

折り返し

縫い代を開く

9.5cm

内側

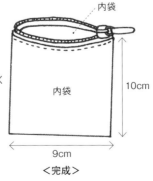

内袋

内袋

10cm

9cm

<完成>

**7** 両横の縫い代を左右に開き、裏地の口の縫い代（1cm）を外側に折ります。

**8** できあがった表の部分の中に内袋を入れて、コの字のまつり縫いでつなげれば完成です。

# 花刺繡の表現

## 花の図案を
## 簡単に描く

刺繡したい花が決まったら、まず資料を集めます。実物の花があれば一番いいですが、ない場合はあらかじめ撮っておいた写真や、各種ホームページやSNS（Pinterest、Google、Naver、Instagram など）で、できるだけ多く、またさまざまな角度の画像を見つけてフォルダに保存しておきます。こうして集めた花の画像を同時に開いて注意深く観察しながらスケッチをします。スケッチをしている間にどのステッチを使うかも決めていきます。いくつか描いてみて、最もよく特徴をとらえている形と構図を決定します。先に茎の部分を描いて位置を決め、次に葉と花を描きます。花を描く際に形や大きさによっては円形定規を使います。一般的に花の中心には花芯があり、花びらが放射状についているので、定規を使うとより簡単に図案を描くことができます。

# 色の決め方

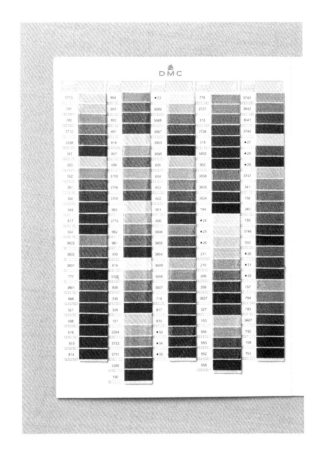

　図案が完成したら使う糸の色を決めます。集めておいた画像を参考にして、最も近い感じの色を選びます。主にDMC25番刺繍糸を使いますが、私は全色の糸を1束ずつ持っているので、似た色の糸をすべて出して並べ、比べてから色を決めます。全色を持っていない場合は「DMC刺繍糸色見本帳」を購入して希望の色を選んでから糸を買うといいでしょう。お近くに手芸店があれば、直接行って集めた画像を見ながら糸を選んでもいいと思います。1つのカラーで自然な変化をつけたい場合、気に入った色の糸番号の前後の番号を見てみます。たとえば緑色なら、3362、3363、3364番を混ぜて使うと自然なトーンの変化をつけることができます。連続した番号の糸の色よりも多様な色を使いたい、または連続した番号がない場合は、似たような感じの色を探します。（黄緑色〜緑：471、934、935、3345、3346、3348 / ピンク：23、151、3733）

　花かごや花束、リースのように何色もの花が入った図案で刺繍する場合、すぐには糸の色を決められないことがあります。きれいな色の組み合わせのイメージを参考にして糸を選んでみてください。実際の花かごや花束を参考にするのもいいですし、きれいな器、服、建物、インテリア、ネイル、「パントン色見本帳」などさまざまなものからインスピレーションを得るのもいいです。自分だけの色の組み合わせを作ってみてください。

## ・よく使う色・

| | |
|---|---|
| 1. ホワイト〜アイボリー系 | ○ BLANC ○ 3865　3866 ● 6 |
| 2. ブラウン系 | ● 842 ● 841 ● 840 ● 839 ● 3031 |
| 3. ピンク系 | ● 23 ● 151 ● 3733 ● 602 ● 601 ● 600 ● 326 ● 902 |
| 4. イエロー系 | 746 ● 677 ● 3821 ● 3820 ● 3852 ● 783 ● 782 |
| 5. オレンジ系 | ● 3854 ● 3853 ● 922 ● 921 ● 920 ● 3857 |
| 6. レッド系 | ● 351 ● 350 ● 349 ● 347 ● 321 ● 304 ● 816 |
| 7. ブルー系 | ○ 3753　3325　3747 ● 826 ● 156 ● 3807 ● 792 ● 797 ● 823 |
| 8. パープル系 | ● 211 ● 153 ● 209 ● 554 ● 33 ● 34 ● 35 ● 552 ● 154 |
| 9. グリーン系 | ○ 10 ● 3013 ● 3364 ● 3363 ● 3362 ● 520 ● 319 ● 500 ● 3348 ● 471 ● 3347 |
| | ● 3346 ● 3345 ● 935 ● 934 ● 987 ● 986 ● 895 ● 890 |

Part 1

# じっくり学ぶ時間

# Embroidery Stitch

ストレートステッチ／フレンチノットステッチ

レゼーデージーステッチ／スパイダーウェブローズステッチ

バリオンステッチ／ロゼットチェーンステッチ

リングステッチ／ドリズルステッチ

スミルナステッチ／キャストオンステッチ

# #1
## 花を作るステッチ

# ストレートステッチ

まっすぐにひと針で刺す基本のステッチで、いろいろと応用ができます。グラニトスステッチは厚みが出せます。
ミルフラワーステッチはストレートステッチを放射状に刺して花形を作ったものです。
ファーンステッチは３本のステッチの片端をつけて作ります。

## ( 1. 基本形 )

**1** Aから針を出してBに入れます。

　POINT：糸を複数本で使う場合は、先
に１本ずつ引き抜いてから合わせて使う
と、糸のねじれがなくきれいに刺せます。

**2** 布と糸の間に針をくぐらせ、左
右に動かして形を整えます。

**3** ストレートステッチの完成です。

## ( 2. グラニトスステッチ )

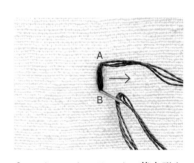

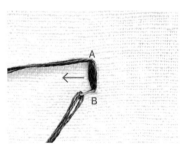

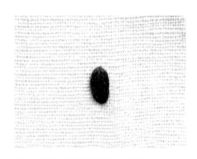

**1** ストレートステッチの基本形を
刺し、再びAから針を出して糸
を引き、ステッチの右側に糸を
倒してBに入れます。糸をゆっ
くり引いて１針目のステッチの右
側に２針目のステッチを並べます。

**2** 再びAから針を出し、今度は糸
を左に倒してBに入れます。糸
をゆっくり引いて１針目の左側に
３針目のステッチを並べます。

**3** 必要な幅だけ両側に交互にステッ
チをすれば完成です。

　POINT：同じ穴から針を抜いて入れる
ときれいな形になります。

**1** 外側の円から針を出して、内側の円に入れてストレートステッチを刺します。

POINT：内側から刺し始めると細かくステッチした場合、間隔が狭くなって縫い目が重なりがちです。

**2** 図案に沿って好みの間隔で刺します。

POINT：事前にガイド線を描いておくと、ゆがまず一定の間隔で刺せます。

**3** ストレートステッチ1目の長さ・太さ・間隔によって、さまざまな形のミルフラワーステッチが作れます。

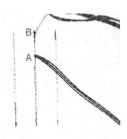
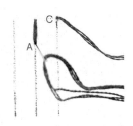
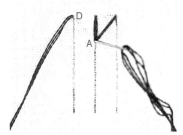

**1** Aから針を出してBに入れ、1つ目のストレートステッチを刺します。

**2** Cから針を出してAに入れ、2つ目のストレートステッチを刺します。

**3** Dから針を出してAに入れ、3つ目のストレートステッチを刺します。

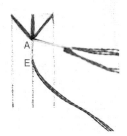

**4** 1組のファーンステッチのできあがりです。AB間と同じ間隔を空けてEから針を出して、**1～3**の要領で必要な数だけ繰り返します。

**5** 写真のような直線、または曲線で刺して、葉脈や枝を表現することができます。

# フレンチノットステッチ

針に糸を巻いて結び目を作るステッチです。

|||||||||( **1. 基本形** )||||||||||||||||||||||||||||||||||||||||||||||||||||||||||||||||||||||||||||||||||||||||||||||||||||||||

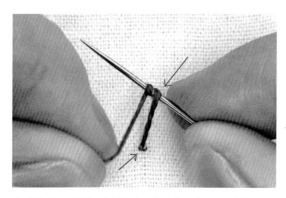

**1** 刺したい位置から針を出した糸をつまんで、針に2〜3回巻きつけます。

**POINT**：糸を巻いた部分がほどけないように針を持つ指で押さえます。

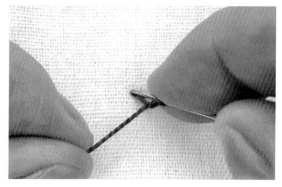

**2** 巻いた糸を指で押さえたまま、糸が出ている穴の真横に針を垂直に刺します。

**3** 巻いた糸がほどけないように糸を張りながら針を裏側に抜きます。

**POINT**：針頭が抜きづらい場合は、糸を巻いたのと逆方向にそっと針を回しながら抜き、再び糸を少し引いて結び目が大きくならないようにしてください。右手で糸をゆっくり引き、左手は針が抜ききるまで糸を持っていると、結び目が大きくならず糸も絡まりません。

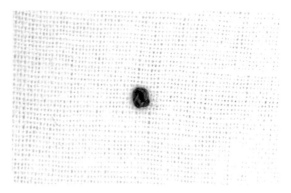

**4** フレンチノットステッチの完成です。

**POINT**：布が刺繍枠にぴんと張られていると、より刺しやすいです。

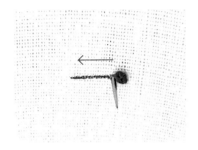 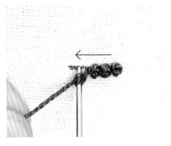 

**1** 1つ目のステッチのすぐ横の線上から針を出します。

POINT：右から左に進むと刺繍しやすいです。

**2** 針に糸を巻いて線上に針を入れます。

**3** 線に沿って針を進めていけば、曲がらずに刺せます。裏面はランニングステッチのような形になります。

**1** 直線形を刺繍した要領で円に沿って時計回りに刺します。

**2** 円に沿ってまず輪郭の部分を刺します。

**3** 円の内側の部分を埋めれば完成です。

POINT：円が大きい場合は、外側から刺し始めて内側に1列ずつ刺し、細かく埋めてください。

# レゼーデージーステッチ

花びらや葉っぱを表現できる、しずく形の可愛いステッチです。
ストレートステッチと組み合わせたり、ダブルレゼーデージーステッチにしたりと応用します。

||||||||( **1.基本形** )||||||||||||||||||||||||||||||||||||||||||||||||||||||||||||||||||||||||||||||||

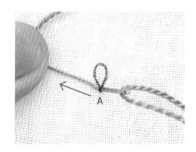

**1** Aから針を出して糸を左に倒し、再びAに針を入れます。

**2** 糸をゆっくり引いて輪を作り、図案の端から糸の太さ分だけ内側の位置から針を出します。こうすると仕上がりが図案より大きくならずに刺せます。

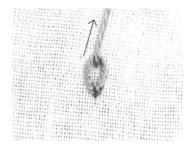

**3** 糸を上にそっと引き、図案に合わせて輪の形を作ります。

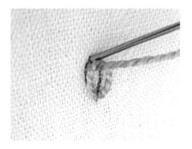

**4** 輪の外側の図案線上に針を入れて糸を引き、輪を固定します。

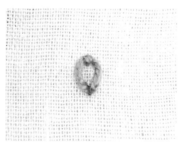

**5** しずくの形のレゼーデージーステッチの完成です。

## 2. レゼーデージー＋ストレートステッチ①

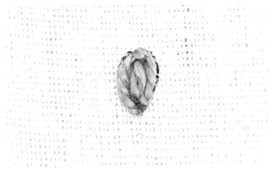

**1** レゼーデージーステッチの下部の内側から針を出し、上部の内側に入れるストレートステッチを刺します。

**2** 中が埋まったステッチのできあがりです。

## 3. レゼーデージー＋ストレートステッチ②

**1** レゼーデージーステッチを刺し始めた穴から再び針を出し、輪先の外側に針を入れるストレートステッチを刺します。

**2** レゼーデージーステッチの丸い上部が隠れてとがった形に仕上がります。

## 4. ダブルレゼーデージーステッチ

**1** 1つ目のレゼーデージーステッチの内側Aから針を出し、同じ穴に針を入れて輪を作ります。続いて1つ目のステッチの上部の内側から糸の太さ分だけ下に針を出します。

**2** この輪の外側に針を入れて輪を固定すると、2つ目のレゼーデージーステッチができます。ダブルレゼーデージーステッチの完成です。

# スパイダーウェブローズステッチ

奇数本で作った土台の糸を1本置きに交互にくぐらせて
クモの巣のように糸を巻きつけ、バラの花の形を作るステッチです。

|||||||||( **1. 基本形** )|||||||||||||||||||||||||||||||||||||||||||||||||||||||||||||||||||||||||||

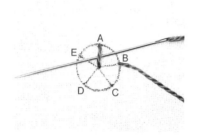

**1** Aから針を出して円の中心に刺します。次にBから針を出して最初のステッチの下に針を通してDに刺します。

**POINT**：ステッチを少し持ち上げて緩めると、糸をくぐらせやすくなります。

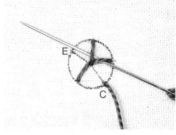

**2** Cから針を出して、再び1つ目のステッチにかけてEに刺します。クモの巣形の土台ができます。

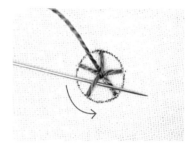

**3** 円の中心の近くに針を出して、5本の土台を1本置きにくぐらせながら反時計回りに糸を通していきます。

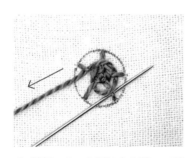

**4** 最初の2〜3回は糸を引いて円の中心に寄せます。丸くなってきたら巻いた糸を包むように優しく引きながらくぐらせます。

**5** 土台がすべて隠れるまで糸をくぐらせたら、糸が出ている部分の隣のステッチの間に針を斜めに入れます。

**6** スパイダーウェブローズステッチの完成です。

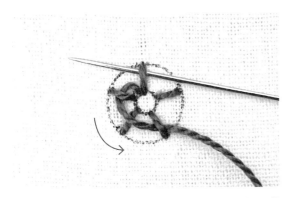

**1** 図案に沿って5本の土台を刺します。土台の間から針を出して1本置きにくぐらせながら反時計回りに糸を巻きます。

**2** 中心が空いたスパイダーウェブローズステッチの完成です。

POINT：中心部分にフレンチノットステッチやサテンステッチを先に刺してから、スパイダーウェブローズステッチを刺すと完成度の高い花が作れます。

# バリオンステッチ

針に糸を巻いて作る立体感のあるステッチです。
針の号数や糸の本数によってステッチの太さを多様に表現することができます。

## ( 1. 基本形 )

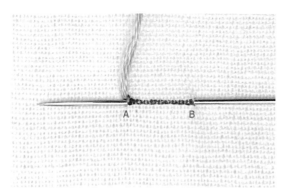

**1** Aから針を出してBに入れて、再びAから出して針を布に渡したままにします。糸は針の右側に置きます。

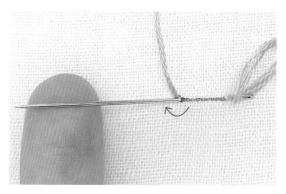

**2** 針先を手でそっと浮かせて糸を時計回りに巻きつけます。

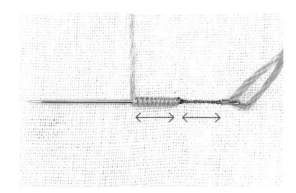

**3** ステッチと同じ長さだけ糸を巻いていきます。

POINT：強く巻きすぎると針が抜けにくいので、ほどけない程度に引きながら巻いてください。

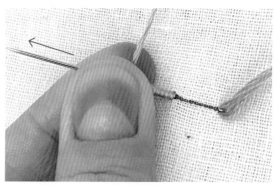

**4** 巻きつけた糸がほどけないように指で押さえて針を抜きます。

POINT：針がうまく抜けない時は、糸を巻いた向きと逆の方向にゆっくりと回しながら抜いてください。

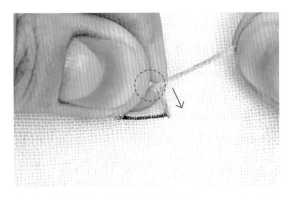
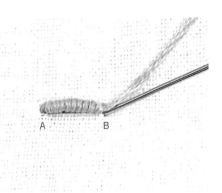

**5** 巻いた部分をつまんだまま糸を引き、ステッチの端を
布に引き寄せます。

**6** 針をBに刺します。

**7** バリオンステッチの完成です。

|||||||||( **2. 輪形** )||||||||||||||||||||||||||||||||||||||||||||||||||||||||||||||||||||||||||||||||||||||||||||||||||||||||||||||||

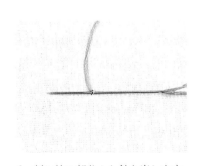
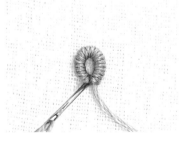

**1** 刺し始め部分から針を出します。
すぐ横（布の1～2目横）に入
れて、再び始点に出したまま針
を布に渡しておきます。

**2** 刺したい長さの2倍の糸を針に
巻き、基本形と同じ要領で針を
抜きます。ステッチの先端を布
に引き寄せ、針を再び始点に刺
します。

**3** 輪形のバリオンステッチの完成
です。

# ロゼットチェーンステッチ

糸のねじれを固定して作るステッチで、糸を引っ張る力の調節が大切です。
直線上に細かく刺して面を埋めたり、放射状に刺して花の形を作ったりすることもできます。

||||||||（ **1. 基本形** ）||||||||||||||||||||||||||||||||||||||||||||||||||||||||||||||||||||||||||

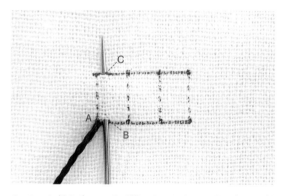

**1** Aから針を出し、すぐ横のBから入れてCに出して針
を渡しておきます。

**POINT**：あらかじめ垂直にガイド線を描いておくとステッチが曲
がらずに刺せます。

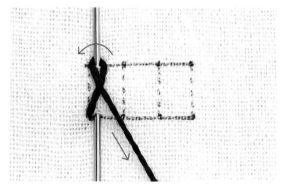

**2** 糸を反時計回りに針にかけ、布に密着させたまま針を上
に引いて糸を引っ張ります。

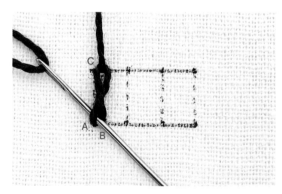

**3** ねじれた輪ができたらCに出た糸の輪がほどけないよ
うに押さえて、AとBの間に針を通して糸を引きます。

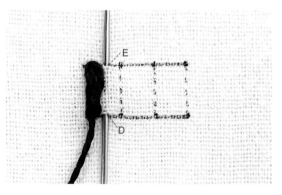

**4** 1つ目のステッチができました。このステッチのすぐ
横のDから針を出してEで抜き、針を渡したあと、
2〜3の手順を繰り返します。

**5** 針を抜く時、先に刺したステッチが引っ張られないように手で押さえます。

**6** 図案をすべて埋めたら、最後のステッチの右端に針を入れます。

**7** ロゼットチェーンステッチの完成です。

|||||||||||( 2. 放射形 )|||||||||||||||||||||||||||||||||||||||||||||||||||||||||||||||||||||||||||||||||||||||||||||||||||||||||

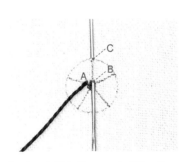

**1** Aから針を出して、すぐ横のBに刺しCから針を出したまま渡しておきます。

**2** 図案に従ってロゼットチェーンステッチの基本形を刺し、1つ目のステッチの輪の間に針を入れてつなげます。

**3** 放射形のロゼットチェーンステッチの完成です。

# リングステッチ

輪先だけが布に留まっているリング状のステッチです。
ホイップドリングステッチは、リングステッチを応用して考案したステッチで、
ボリュームのある花びらが作れます。

|||||||||( **1. 基本形** )|||||||||||||||||||||||||||||||||||||||||||||||||||||||||||||||||||||||||||||||||||||||||||||||||||||||||||||||

**1** 刺し始め位置から針を出して糸を右側に置きます。再び始点に針を刺して糸を引きます。

**2** 好みの大きさの輪になったら、輪の外側から針を出して内側に入れるストレートステッチで輪の下部を留めます。

**3** リングステッチの完成です。

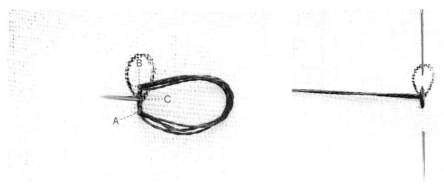

**1** A から針を出して B に刺し、糸を右側に置いて引き、C から針を出して左に糸を引きます。

**2** 糸を左に置いて補助針を布に渡します。

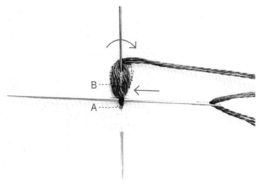

**3** 糸を補助針の後ろにかけてAとBの間をくぐらせる形で好きなだけ糸を巻きます。

POINT：布に糸を沿わせて巻くと補助針を抜いてもステッチが起きません。

**4** 糸が左に出た状態で針をステッチの下に入れます。

**5** 補助針を抜けばホイップドリングステッチの完成です。

# ドリズルステッチ

糸の輪を針に重ねて作るステッチで、
薄くて長い花びらを表現できます。

|||||||||( **1. 基本形** )||||||||||||||||||||||||||||||||||||||||||||||||||||||||||||||||||||||||||

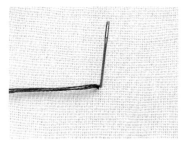

**1** 刺し始めの位置に針を出します。糸を針から抜いて左に倒し、すぐ横に針を刺します。

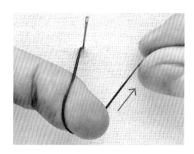

**2** 右手で糸をつまんで張り、左指に糸をかけます。

**3** 糸の張りを保ちながら左指を下手前から外に向かって回し、輪を作ります。

**4** 指先を針頭につけて糸の輪を針に移します。

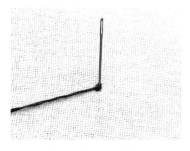

**5** 糸を引いて輪を布に密着させます。

**6** 2〜5の手順を繰り返し、好きな長さだけ輪を重ねます。

**POINT**：糸を一定の力で引いて、輪の長さを同じにすると形がきれいに仕上がります。

**7** 糸端を再び針穴に入れ、針を引いて輪に糸を通します。　**8** ドリズルステッチの完成です。

////////（　**2. 連結形**　）///////////////////////////////////////////////////////////////////////////

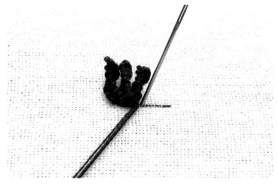 

**1** 線上に針を出し入れして、繰り返しドリズルステッチ
の基本形を刺します。

**2** 糸を引く方向は、最初に刺したステッチのほうに統
一すると完成したステッチのねじれも同じ方向に出
ます。

**3** ぎっしり細かく刺せば完成です。

**1** 好みの長さに基本形のドリズルステッチを刺します。

**2** 糸を替えて、**1**のステッチの輪の中を通して針を引き抜きます。

POINT：**1**で使用する針よりサイズの小さい針を使うと針の出し入れがスムーズです。

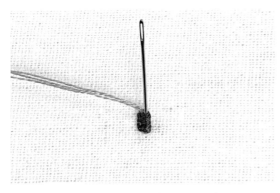

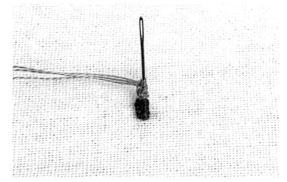

**3** 糸を針から外して、針を再びステッチの中に通して刺します。

**4** 好きな長さに輪を作ります。

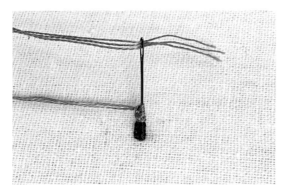

**5** 糸を再び針に通して下に引き抜きます。

**6** 2段ドリズルステッチの完成です。

# スミルナステッチ

ターキーワークまたはギオルデスノットとも呼ばれるステッチです。
糸の輪を作って輪の先を切ったりそのまま使ったりして、表情豊かな花びらを表現します。

|||||||( **1. 基本形** )||||||||||||||||||||||||||||||||||||||||||||||||||||||||||||||||||||

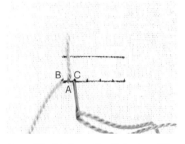

**1** 玉結びを作らずに針をAに刺して糸端を出しておきます。Bから針を出してCに入れます。

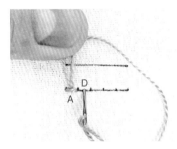

**2** 再びAから針を出してDに入れて輪を作ります。作った輪が動かないように指で押さえます。

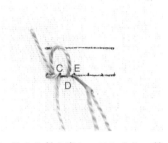

**3** Cから針を出してEに入れて輪を固定します。

**4** 2〜3の手順を繰り返して輪を作り、最後のステッチの真ん中から糸を出して切ります。

**5** 輪をすべて切って好きな長さに整えます。

**6** スミルナステッチの完成です。

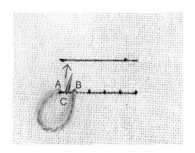

**1** Aから針を出してBに入れます。糸をすべて引く前にCから出して糸を上に引きます。

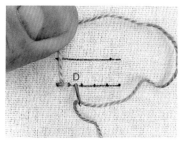

**2** Dから針を入れて好みの長さで1つ目の輪を作ります。輪が動かないように手で押さえます。

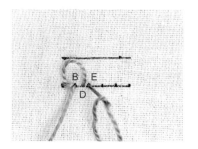

**3** Bから針を出してEに入れます。

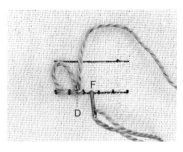

**4** Dから針を出してFに入れ、1つ目の輪と同じ長さに輪を作り、同じ要領で繰り返します。

**5** スミルナステッチの輪形の完成です。

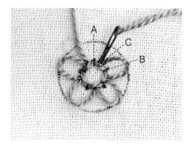

**6** 円形に刺す場合は、最後の輪をCに入れてつなげます。

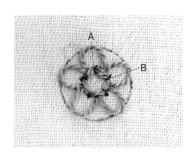

**7** 6の状態で仕上げると、輪が引っ張られる可能性があるので、再びAから針を出してBに入れ、輪を固定したあとに玉留めをします。

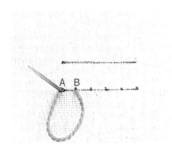

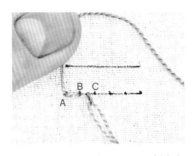

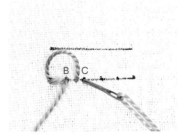

**1** A から針を出して B に入れます。糸を引ききる前に再び A から出して糸を引きます。

**2** B と C の間に針を入れて好きな長さに 1 つ目の輪を作ります。輪が動かないように指で押さえます。

**3** B から針を出して C に入れます。

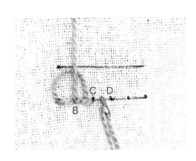

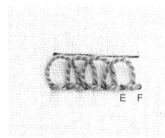

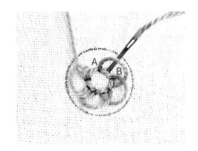

**4** 再び B から針を出して C と D の中間に入れて 2 つ目の輪を作ります。

**5** 好みの数だけ輪を作り、E から針を出して F に入れ、最後の輪を固定すれば、スミルナステッチが重なった輪形の完成です。

**6** 円形に刺す場合は、最後の輪は 1 つ目の輪の後ろ、A と B の間に入れてつなげます。

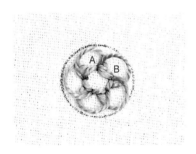

**7** 6 の状態で仕上げると、輪が引っ張られる可能性があるので、再び A から針を出して B に入れ、輪を固定したあとに玉留めをします。

# キャストオンステッチ

糸の輪を針にかけて作るステッチで、両端が布にくっつく立体的な形です。
キャストオンステッチの半月形は、自然な花びらの形を作るために
考案したステッチで、糸を引く力を調節して輪の長さを変える必要があるので、
少し難易度が高いです。図案に従って充分に練習してみてください。

||||||||( 1. 基本形 )||||||||||||||||||||||||||||||||||||||||||||||||||||||||||||||||||

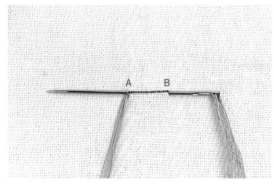

**1** Aから針を出します。Bに入れて再びAから出し、そのまま針を布に渡しておきます。糸は針の下側に置きます。

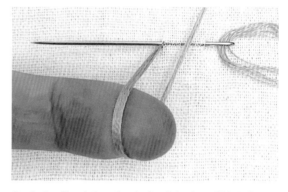

**2** 左手の指に糸をかけ、右手で糸をぴんと張ります。

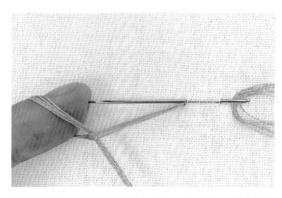

**3** 糸を張ったまま指を手前から向こうに回して輪を作ります。

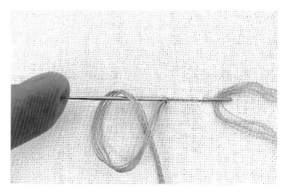

**4** 指先を針先に当てて輪を針に移します。

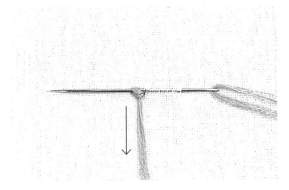

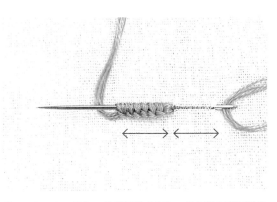

**5** 糸を下に引いて輪を布にぴったりつけます。

**6** ステッチの長さの分だけ輪を作り、糸を針の下に置きます。

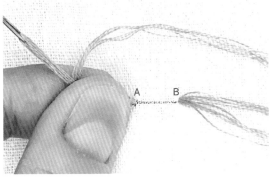

**7** 作った輪の部分をつまんだまま針を抜き、糸をBのほうに引きます。

POINT：ステッチがぴったり布につくよう押さえていると形が崩れません。

**8** Bに針を入れます。

**9** キャストオンステッチの完成です。

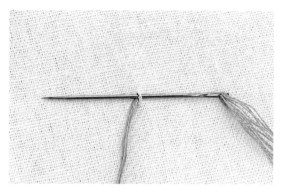

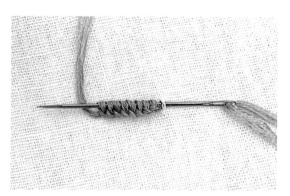

**1** 刺し始め位置から針を出します。すぐ横（布の1〜2
目横）に針を入れて、刺し始めの穴から再び出して、
そのまま針を渡しておきます。

**2** 刺したい長さの2倍の輪を作り、糸を針の下に置きます。

**3** 作ったステッチを指でつまんだまま針を抜き、再び刺
し始めの穴に入れます。

**4** 輪形のキャストオンステッチの完成です。

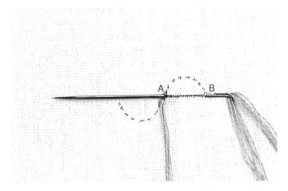

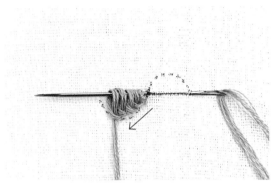

**1** Aから針を出します。Bに入れて再びAから出し、針を渡しておきます。糸は針の下側に置きます。

**2** 半月の中心の膨らんだ部分まで輪を徐々に長くしていきます。

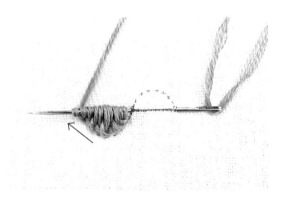

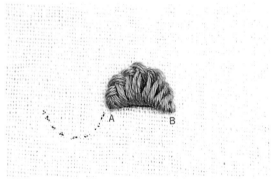

**3** 残りの半分は輪を徐々に短くし、糸を針の下に置きます。

POINT：先に作った輪が崩れないように指で押さえながら糸を引いて長さを調節してください。

**4** 作ったステッチをしっかり押さえたまま針を抜き、Bに針を入れます。

# Embroidery Stitch

フライステッチ／フィッシュボーンステッチ

サテンステッチ／ブランケットステッチ／

ウーブンピコットステッチ

# #2
## 葉を作るステッチ

# フライステッチ

V字形やY字形に仕上がるステッチです。単独で使うより、
主にストレートステッチとつなげて葉の形を作るフライリーフステッチとして使います。

## 1. 基本形

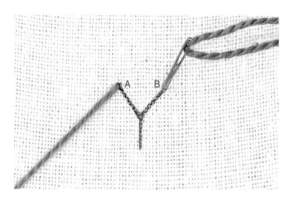

**1** Aから針を出してBに入れます。

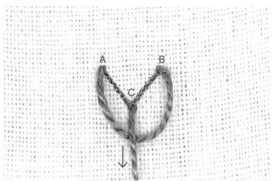

**2** 糸を引いて小さなU字形ができたら下に倒し、Cから針を出して糸を下に引きます。

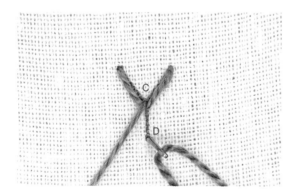

**3** U字形の先端がCにかかったらDに針を入れます。

**POINT**：U字形の先から遠いところに針を入れるとY字形になり、近くに入れるとV字形になります。

**4** フライステッチの完成です。

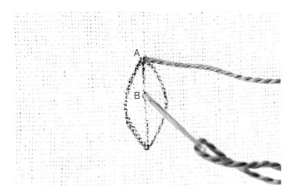

**1** Aから針を出してBに入れます。

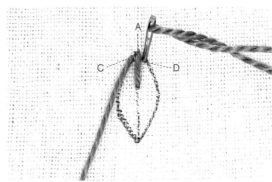

**2** Cから針を出してDに入れます。

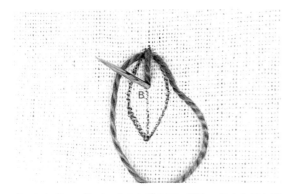

**3** 糸を引いて輪ができたら輪を下に置き、Bから針を出します。

**4** Bに輪がかかったらEから針を入れます。

**5** 2〜4の手順を繰り返して細かく図案を埋めます。

# フィッシュボーンステッチ

中央部分を重ねて葉を表現するステッチです。

|||||||||( **1. 基本形** )|||||||||||||||||||||||||||||||||||||||||||||||||||||||||||||||||||||||||||

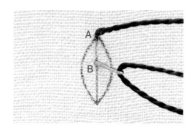

**1** Aから針を出して中心線のBに入れます。

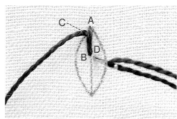

**2** 左側の線上のCから針を出してBの右下のDに入れます。

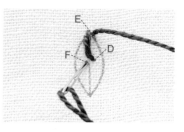

**3** 右側の線上のEから針を出してDより少し下のFに入れます。

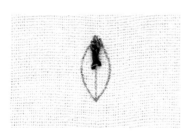

**4** 中心線部分が重なった形で1つ目のフィッシュボーンステッチが完成します。

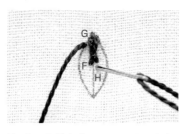

**5** Gから針を出してHに入れます。

**6** Iから針を出してJに入れます。中心線に沿って少しずつ重なるように下方にずらして刺していきます。

**7** 最後のステッチは、反対側に刺したステッチの先端と同じ穴に入れるときれいに仕上がります。

**8** フィッシュボーンステッチの完成です。

# サテンステッチ

ストレートステッチを細かく刺して面を埋めるステッチです。

||||||||( 1. 基本形 )|||||||||||||||||||||||||||||||||||||||||||||||||||||||||||||||||||||||||||||||||||

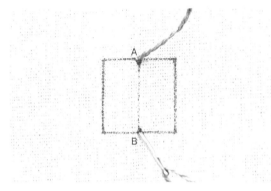

**1** 図案上部の線の中心 A から針を出して下部の B に入れます。

**POINT**：図案を半分に分けて真ん中から刺し始め、片方ずつ埋めていくとステッチがゆがまずきれいに仕上がります。

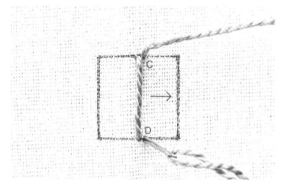

**2** A のすぐ横の C から針を出して D に入れます。同様にして右側を埋めます。

**POINT**：針を垂直に刺すと正確な位置に刺繍できます。

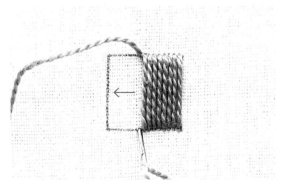

**3** 右側を刺し終わったら、再び上部の中心部分から針を出して下に入れ、左側を埋めていきます。

**POINT**：上から刺し始めたら、最後まで上から下に針を入れると針目がそろいます。

**4** サテンステッチの完成です。

# ブランケットステッチ

毛布の縁をかがる時に使った縫い方に由来しています。
裁断面を仕上げる時にも使いますが、
この本では主に細かく刺繍して葉の面を埋める時に使います。

## 1. 基本形

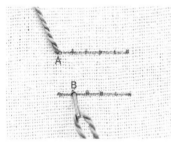

**1** 刺し始めの A から針を出します。糸を上に倒して B に針を入れます。

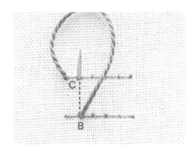

**2** 糸を引いて上に輪を作り、B の垂直線上にある C から針を出します。

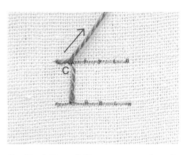

**3** 輪が C に直角にかかるように糸を引きます。

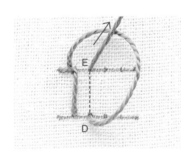

**4** 同じ間隔で続けて刺していきます。

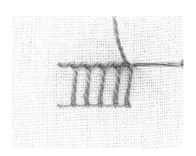

**5** 最後の輪の角の外側に針を入れます。

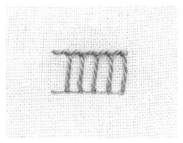

**6** ブランケットステッチの完成です。

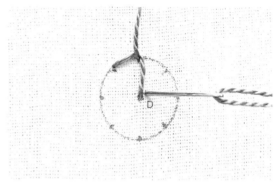

**1** 図案の線上 A から針を出して中心の B に入れます。
次に C から針を出して糸を引きます。

**2** 中心に近い D に針を入れます。

**POINT**：すべてのステッチを中心 B に入れると穴が大きくなることがあるので、少し離れたところに針を入れてください。

**3** 円に沿って **1** 〜 **2** のを繰り返して刺し、最後のステッチは 1 つ目のステッチの下をくぐらせて中心 B に入れます。

**4** ブランケットリングステッチの完成です。

# ウーブンピコットステッチ

土台の糸を交差させて作るステッチで、下部は布にくっついていて上部は離れています。
葉を表現したり、複数刺して花を表現したりします。

|||||||||( **1. 基本形** )||||||||||||||||||||||||||||||||||||||||||||||||||||||||||||||||||||||||||||||||||||||||||||||||||||||||||||||||

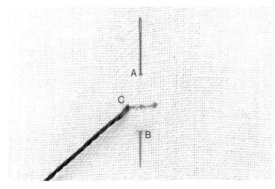

**1** 補助針をAから入れて線の下のBから出して布に渡
しておきます。Cから針を出します。

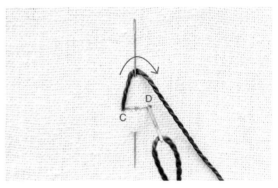

**2** 補助針の後ろに糸をかけ、Dに針を入れます。この時、
あまり強く引っ張らないようにします。

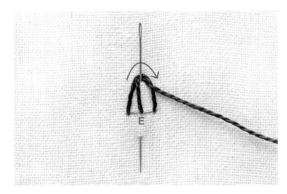

**3** 線の中心Eから針を出します。補助針の後ろに糸を
かけてぴんと張り、右の土台の内側に糸を沿わせます。
右側の土台の下に針をくぐらせ、糸を右側に出します。

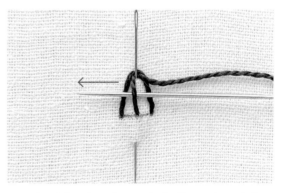

**4** 3本の土台の上、下、上と交互に針をくぐらせます。

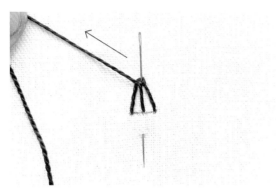

**5** 糸を引いて補助針に引き寄せます。

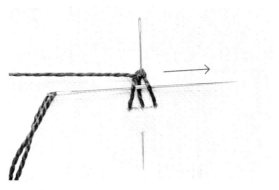

**6** 土台の上に出た糸を左側に置き、針を土台の糸の下、上、下と交互に通します。

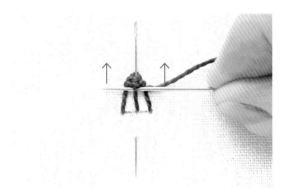

**7** 刺し目を針で押し上げ、糸をぴっちりとつけます。

**8** 4〜7の手順を繰り返します。土台の内側に針をそっと差し込んで糸を引くと形を整えやすいです。

**9** 最後まで刺繍したらステッチの下に針を斜めに入れます。

**10** 補助針を抜けばウーブンピコットステッチの完成です。

# Embroidery Stitch

アウトラインステッチ、ステムステッチ

バックステッチ

# #3

茎を作るステッチ

# アウトラインステッチ、ステムステッチ

花刺繍で茎を表現する時、主に使われるステッチです。

||||||||( **1. 基本形** )|||||||||||||||||||||||||||||||||||||||||||||||||||||||||||||||||||||||||||||||||||

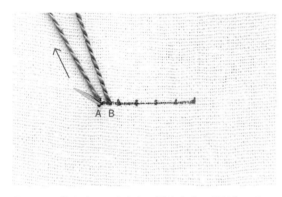

**1** Aから針を出して糸を上に置きます。半目先のBに
入れて、再びAから出します。

**2** 刺し進める方向の反対に糸を引きます。

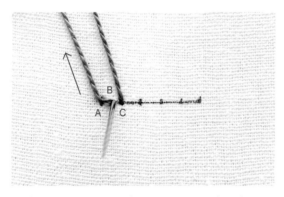
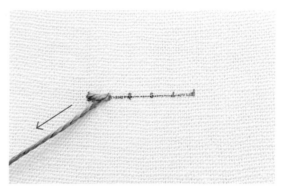

**3** 糸を上に置いて、1目先のCに入れて、半目戻ったB
から針を出します。

**4** 刺し進める方向の反対に引きます。

072

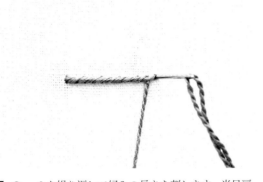

**5** 3〜4を繰り返して好みの長さを刺します。半目戻って出した糸を半目先に入れて仕上げます。

POINT：半目で刺し始め、半目で刺し終えると太さが一定になります。

**6** アウトラインステッチの完成です。

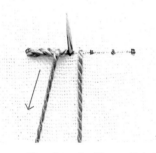

アウトラインステッチ

糸のねじれ方向

ステムステッチ

**7** ステッチする際に糸を下に置いて刺すと、ステムステッチになります。

**8** アウトラインステッチは糸のねじれと同じ方向に、ステムステッチは糸のねじれと反対方向になり、ロープのような形に仕上がります。

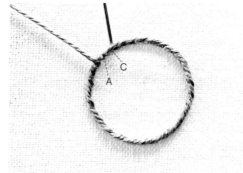

**1** Aから針を出して、1針先のBに入れて糸を引きます。糸は円の外側に置いて時計回りに進みます。

**2** 完全に糸を引かずに半目戻ったCから針を出します。

**POINT**：ステムステッチの場合は、糸を円の外に置いて反時計回りに刺し進めてください。

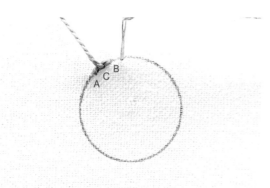

**3** 1目先に入れて、半目戻ったところに出すことを繰り返して円を刺します。

**4** 最後のステッチは円の外側からCに入れます。

**5** 最後の目が継ぎ目なく自然になるように仕上げます。

# バックステッチ

手縫いの本返し縫いのようなステッチで、繊細な線を表現できます。

|||||||||( 1. 基本形 )|||||||||||||||||||||||||||||||||||||||||||||||||||||||||||||||||||||||||||||||||||

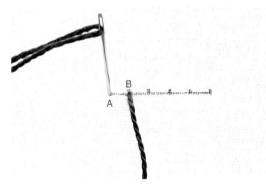

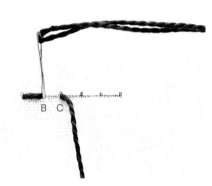

**1** Aの1目先のBから針を出して、Aに入れます。

**2** 続いてCから針を出して、1目戻ったBに入れます。

**3** 同じ要領で図案に沿って刺せばバックステッチの完成
です。

*Embroidery Stitch*

チェーンステッチ／スプリットステッチ／バスケットステッチ

リボンステッチ／ビーズステッチ

# #4

花を飾るステッチ

# チェーンステッチ

輪をつないで鎖状にするステッチです。
線として刺すこともありますが、本書では主に面を埋める時に使います。

## 1. 基本形

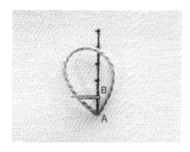

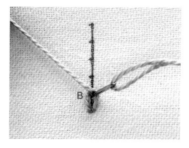

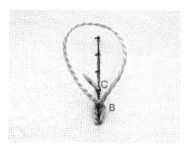

**1** Aから針を出します。再びAに入れて糸を引き、輪ができたらBから針を出します。輪の先がBから出た糸にかかるまで引きます。

**POINT**：Aから針を出す時に出た糸は左側に置き、針を再びAに刺す時は右側に入れると糸が重ならずきれいな形になります。

**2** Bから出た糸を左側に置き、再びBに入れて輪を作ります。

**3** Cから針を出します。

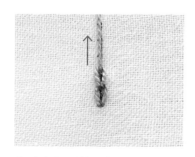

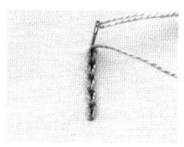

**4** 糸を上に引きます。

**5** 刺したい長さだけ繰り返し、最後の輪の外側の際に針を入れます。

**6** チェーンステッチの完成です。

## |||||||||( 2. 円形 )||||||||||||||||||||||||||||||||||||||||||||||||||||||||||||||||||||||||||||||||||||||||||||||||||

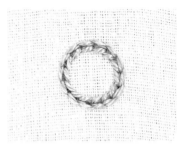

**1** 円に沿ってチェーンステッチを刺し、最後のステッチは刺し始めの輪にくぐらせます。

**2** 最後のステッチが出た穴に再び針を入れます。

**3** 継ぎ目のないきれいな輪の完成です。

## |||||||||( 3. 四角形 )|||||||||||||||||||||||||||||||||||||||||||||||||||||||||||||||||||||||||||||||||||||||||||||||

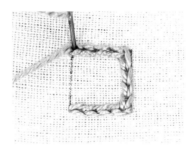
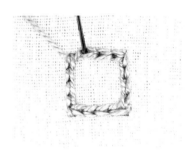

**1** 一辺の線を刺し、最後の目は輪の外側に針を入れて仕上げます。

**2** 仕上げた最後の輪の間から針を出して次の線を刺します。

**3** すべての線を刺したあと最後のステッチは刺し始めの目をくぐらせてから再び針を出したところに入れます。

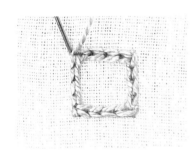

**4** 最後のステッチの内側から針を出して外側の際に刺します。

**5** 四角形の完成です。

# スプリットステッチ

先に刺した糸を半分に分けて刺すステッチで、編み物のような雰囲気が出ます。
線を刺すのにも使いますが、本書では主に繊細に面を埋める時に使います。

||||||||( **1. 基本形** )||||||||||||||||||||||||||||||||||||||||||||||||||||||||

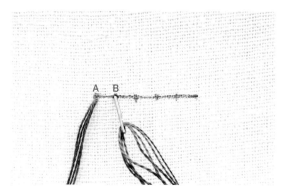

**1** Aから針を出してBに入れます。

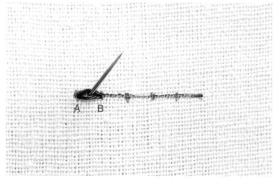

**2** AとBの中間から針を出し、1つ目のステッチを半分に分けて糸を引きます。

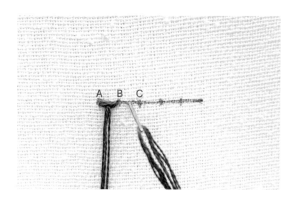

**3** BとCの中間に針を入れます。

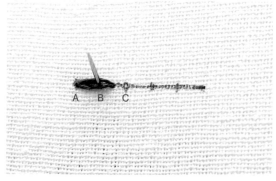

**4** Bから針を出し、2つ目のステッチを半分に分けて糸を引きます。

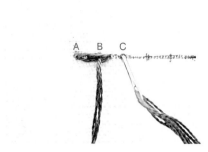

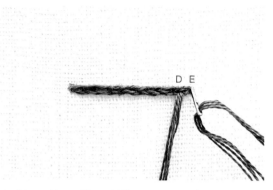

**5** 同じ要領で1目進んだところに刺して、半目戻ったところで糸を半分に分けて出すことを繰り返します。

**6** 好みの長さに刺して最後のステッチの中間から針を出して、半目先の E に入れます。

**7** スプリットステッチの完成です。

**8** 裏面はバックステッチのような形になります。

# バスケットステッチ

横糸と縦糸で布を織るように、糸を垂直に交差させて作るステッチです。
その名のとおり"バスケット（かご）"を刺繍する時に主に使います。

|||||||( **1. 基本形** )||||||||||||||||||||||||||||||||||||||||||||||||||||||||||||||||||||||||

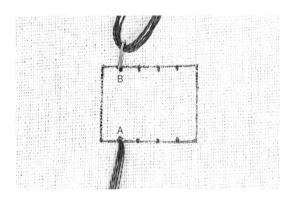

**1** Aから針を出してBに入れるストレートステッチを刺します。

**POINT**：あらかじめ等間隔で上下に位置の印をつけておくと刺繍しやすいです。

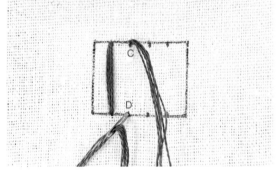

**2** Cから針を出してDに入れます。残りも同様にストレートステッチを刺します。

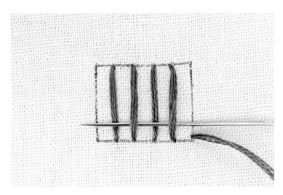

**3** 右下の角から針を出します。ストレートステッチで下、上、下と針を交互にくぐらせます。

**4** 反対側の角に針を入れます。

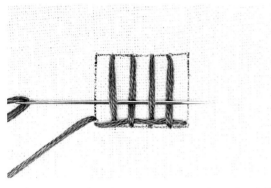

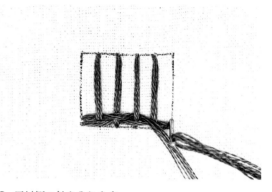

**5** 角のすぐ上に針を出します。1列目が通った糸と交差
するように針をくぐらせます。

**6** 反対側に針を入れます。

**7** 針でステッチを下に押しながら細かく図案を埋めてい
きます。

**8** バスケットステッチの完成です。

# リボンステッチ

花束を刺繍したり、花かごにポイントを加えたりする時に使うステッチです。

|||||||||( **1. 基本形** )|||||||||||||||||||||||||||||||||||||||||||||||||||||||||||||||||||||||||||||||||||||||||||||||||||||||||||||||||||

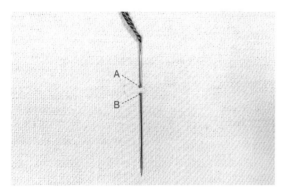

**1** 玉結びを作らずにAから針を入れ、Bから出します。

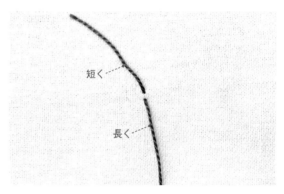

**2** 上側の糸を短く残して布に糸を通します。針に糸はついたままです。

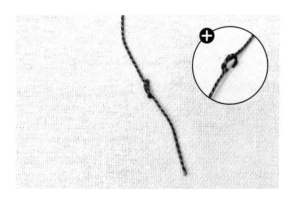

**3** 短いほうの糸が下に来るように糸を結びます。この時、結び目の間に糸が通るように隙間を残しておきます。

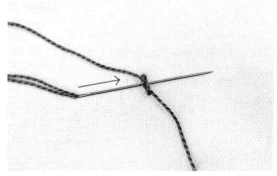

**4** 針を結び目の左側から右側に通します。

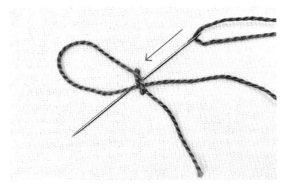

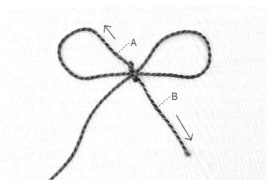

**5** リボンの輪を好みの大きさにして、再び結び目の右側から左側に針を通します。

**6** 両方の輪を好みの大きさにして A を上に、B を下に引いて結び目をきゅっと締めます。

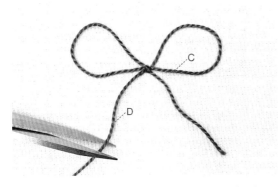

**7** C と D を動かして好きな大きさのリボンの輪を作り、D の糸端を切ります。

**8** リボンステッチの完成です。

# ビーズステッチ

キラキラ光るビーズを使うと、多彩な刺繍が楽しめます。

|||||||||（　1. 横形　）||||||||||||||||||||||||||||||||||||||||||||||||||||||||||||||||||||||||||||||||||||||||||

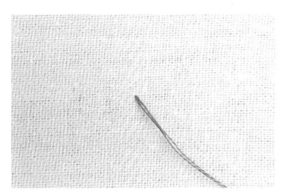

**1** 刺したい位置に針を出します。

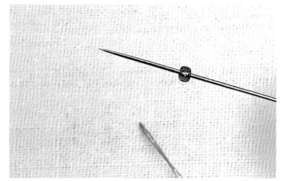

**2** 針と糸にビーズを通して布のほうに送ります。

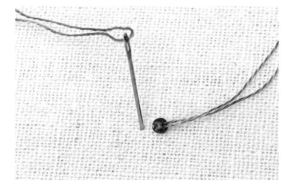

**3** ビーズの横幅分の間隔を空けて針を入れます。

**4** ビーズステッチ横形の完成です。

**1** 刺したい位置に針を出してビーズを通し、布に立てて
おきます。

**2** ビーズの右側に針を入れて片方を固定します。

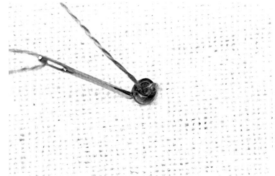

**3** ビーズの中から針を出します。

**4** ビーズの左側に針を入れて反対側も固定します。

**5** ビーズステッチ縦形の完成です。

# #5
## ステッチ練習

# ステッチ練習1

図案・page 210

| 使用した糸 | ● 471　● 797 |
|---|---|
| 使用したステッチ | ストレートS、グラニトスS、フレンチノットS、レゼーデージーS、レゼーデージー＋ストレートS1・S2、ダブルレゼーデージーS |

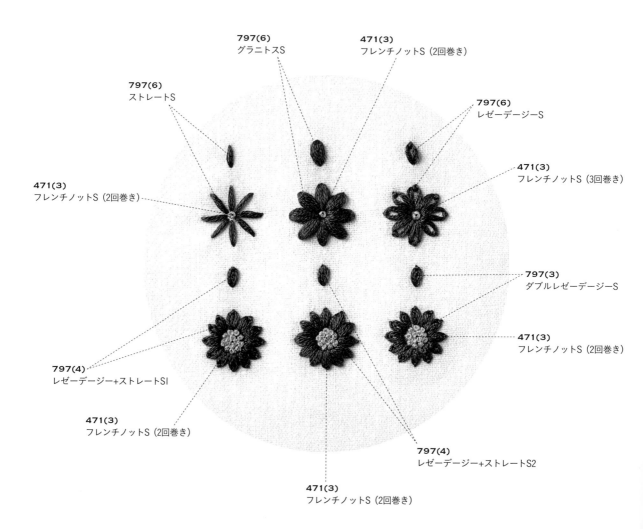

**797(6)**
ストレートS

**797(6)**
グラニトスS

**471(3)**
フレンチノットS（2回巻き）

**797(6)**
レゼーデージーS

**471(3)**
フレンチノットS（2回巻き）

**471(3)**
フレンチノットS（3回巻き）

**797(3)**
ダブルレゼーデージーS

**471(3)**
フレンチノットS（2回巻き）

**797(4)**
レゼーデージー＋ストレートS1

**471(3)**
フレンチノットS（2回巻き）

**797(4)**
レゼーデージー＋ストレートS2

**471(3)**
フレンチノットS（2回巻き）

# ステッチ練習2

図案・page 211

| 使用した糸 | ● 372 ● 760 ○ 761 ● 3712 |
|---|---|
| 使用したステッチ | フレンチノットS、スパイダーウェブローズS |

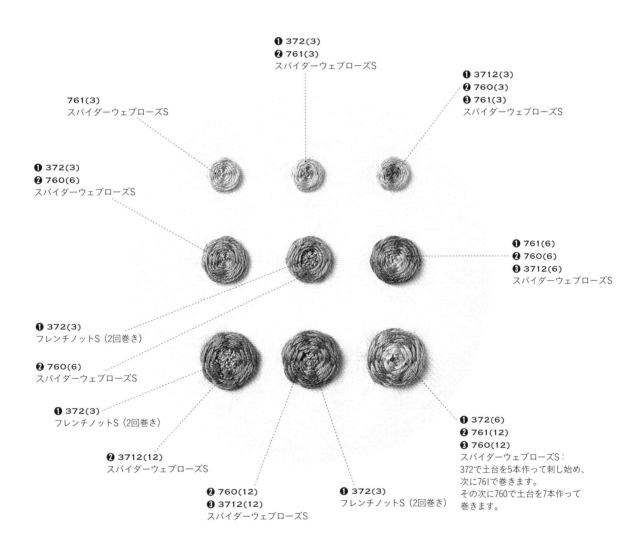

❶ 372(3)
❷ 761(3)
スパイダーウェブローズS

761(3)
スパイダーウェブローズS

❶ 3712(3)
❷ 760(3)
❸ 761(3)
スパイダーウェブローズS

❶ 372(3)
❷ 760(6)
スパイダーウェブローズS

❶ 761(6)
❷ 760(6)
❸ 3712(6)
スパイダーウェブローズS

❶ 372(3)
フレンチノットS（2回巻き）

❷ 760(6)
スパイダーウェブローズS

❶ 372(3)
フレンチノットS（2回巻き）

❷ 3712(12)
スパイダーウェブローズS

❷ 760(12)
❸ 3712(12)
スパイダーウェブローズS

❶ 372(3)
フレンチノットS（2回巻き）

❶ 372(6)
❷ 761(12)
❸ 760(12)
スパイダーウェブローズS：
372で土台を5本作って刺し始め、
次に761で巻きます。
その次に760で土台を7本作って
巻きます。

091

# ステッチ練習3

図案・page 212

| 使用した糸 | ● 3012 ● 3820 ◦ 3822 ● 3852 |
|---|---|
| 使用したステッチ | フレンチノットS、バリオンS1・S2 |

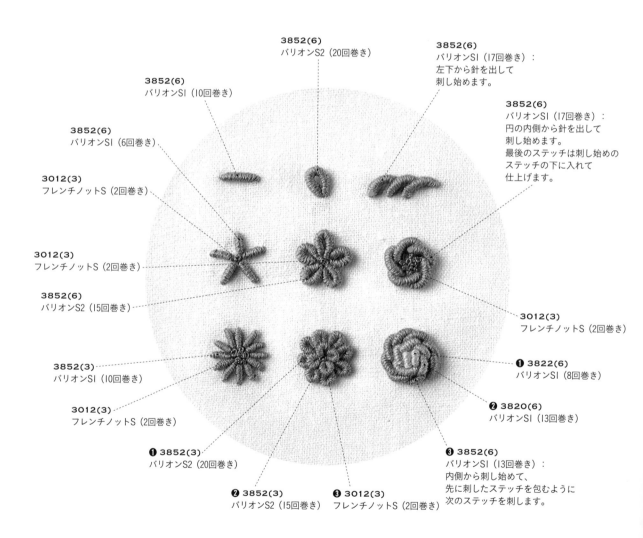

3852(6)
バリオンS2（20回巻き）

3852(6)
バリオンS1（17回巻き）：
左下から針を出して
刺し始めます。

3852(6)
バリオンS1（10回巻き）

3852(6)
バリオンS1（17回巻き）：
円の内側から針を出して
刺し始めます。
最後のステッチは刺し始めの
ステッチの下に入れて
仕上げます。

3852(6)
バリオンS1（6回巻き）

3012(3)
フレンチノットS（2回巻き）

3012(3)
フレンチノットS（2回巻き）

3852(6)
バリオンS2（15回巻き）

3012(3)
フレンチノットS（2回巻き）

3852(3)
バリオンS1（10回巻き）

❶ 3822(6)
バリオンS1（8回巻き）

3012(3)
フレンチノットS（2回巻き）

❷ 3820(6)
バリオンS1（13回巻き）

❶ 3852(3)
バリオンS2（20回巻き）

❸ 3852(6)
バリオンS1（13回巻き）：
内側から刺し始めて、
先に刺したステッチを包むように
次のステッチを刺します。

❷ 3852(3)
バリオンS2（15回巻き）

❸ 3012(3)
フレンチノットS（2回巻き）

# ステッチ練習 4

図案・page 213

| 使用した糸 | 10 ● 209 ◐ 210 ◐ 451（アップルトンウール糸） |
|---|---|
| 使用した**ステッチ** | フレンチノットS、ロゼットチェーンS、リングS、ホイップドリングS、ドリズルS |

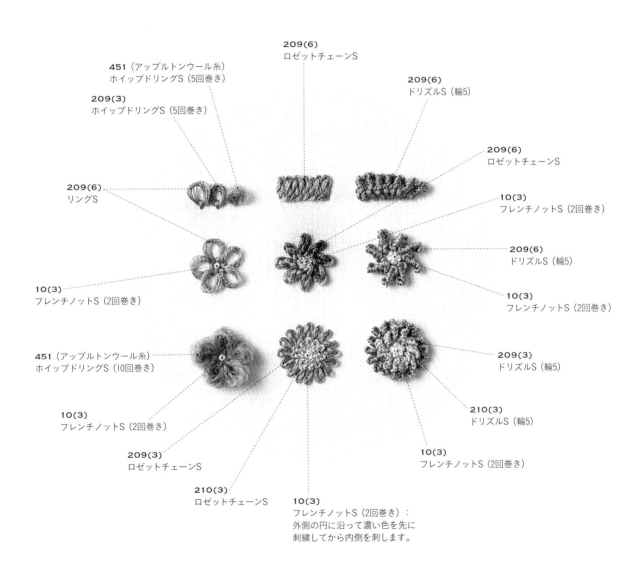

209(6)
ロゼットチェーンS

451（アップルトンウール糸）
ホイップドリングS（5回巻き）

209(3)
ホイップドリングS（5回巻き）

209(6)
ドリズルS（輪5）

209(6)
ロゼットチェーンS

209(6)
リングS

10(3)
フレンチノットS（2回巻き）

10(3)
フレンチノットS（2回巻き）

209(6)
ドリズルS（輪5）

10(3)
フレンチノットS（2回巻き）

451（アップルトンウール糸）
ホイップドリングS（10回巻き）

209(3)
ドリズルS（輪5）

10(3)
フレンチノットS（2回巻き）

210(3)
ドリズルS（輪5）

209(3)
ロゼットチェーンS

10(3)
フレンチノットS（2回巻き）

210(3)
ロゼットチェーンS

10(3)
フレンチノットS（2回巻き）：
外側の円に沿って濃い色を先に
刺繍してから内側を刺します。

# ステッチ練習5

図案・page 214

| 使用した糸 | ● 350  ● 351  ○ 472 |
|---|---|
| 使用したステッチ | フレンチノットS、スミルナS1・S2・S3 |

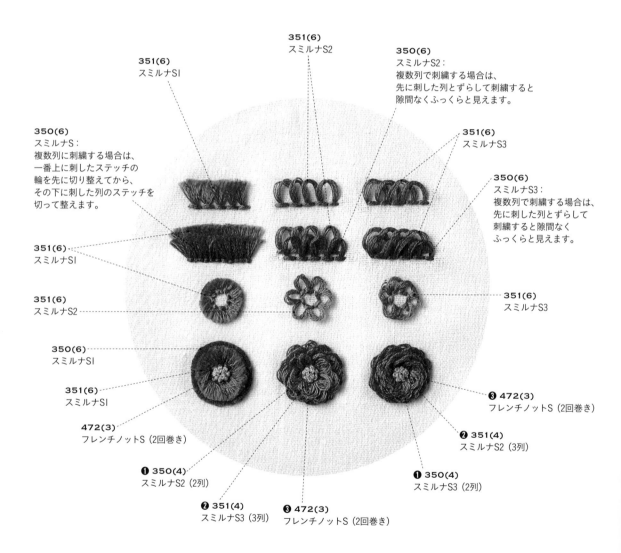

351(6)
スミルナS1

351(6)
スミルナS2

350(6)
スミルナS2:
複数列で刺繍する場合は、
先に刺した列とずらして刺繍すると
隙間なくふっくらと見えます。

350(6)
スミルナS:
複数列に刺繍する場合は、
一番上に刺したステッチの
輪を先に切り整えてから、
その下に刺した列のステッチを
切って整えます。

351(6)
スミルナS3

350(6)
スミルナS3:
複数列で刺繍する場合は、
先に刺した列とずらして
刺繍すると隙間なく
ふっくらと見えます。

351(6)
スミルナS1

351(6)
スミルナS2

351(6)
スミルナS3

350(6)
スミルナS1

351(6)
スミルナS1

472(3)
フレンチノットS (2回巻き)

❸ 472(3)
フレンチノットS (2回巻き)

❷ 351(4)
スミルナS2 (3列)

❶ 350(4)
スミルナS3 (2列)

❶ 350(4)
スミルナS2 (2列)

❷ 351(4)
スミルナS3 (3列)

❸ 472(3)
フレンチノットS (2回巻き)

# ステッチ練習6

図案・page 215

| 使用した糸 | 10 ●722 ●922 ○3825 |
|---|---|
| 使用したステッチ | フレンチノットS、キャストオンS1・S2・S3 |

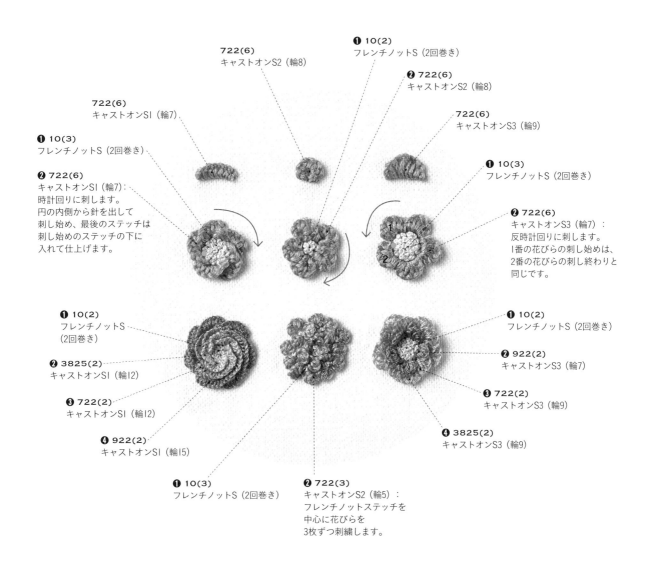

722(6)
キャストオンS2（輪8）

❶ 10(2)
フレンチノットS（2回巻き）

❷ 722(6)
キャストオンS2（輪8）

722(6)
キャストオンS1（輪7）

722(6)
キャストオンS3（輪9）

❶ 10(3)
フレンチノットS（2回巻き）

❷ 722(6)
キャストオンS1（輪7）：
時計回りに刺します。
円の内側から針を出して
刺し始め、最後のステッチは
刺し始めのステッチの下に
入れて仕上げます。

❶ 10(3)
フレンチノットS（2回巻き）

❷ 722(6)
キャストオンS3（輪7）：
反時計回りに刺します。
1番の花びらの刺し始めは、
2番の花びらの刺し終わりと
同じです。

❶ 10(2)
フレンチノットS
（2回巻き）

❷ 3825(2)
キャストオンS1（輪12）

❸ 722(2)
キャストオンS1（輪12）

❹ 922(2)
キャストオンS1（輪15）

❶ 10(2)
フレンチノットS（2回巻き）

❷ 922(2)
キャストオンS3（輪7）

❸ 722(2)
キャストオンS3（輪9）

❹ 3825(2)
キャストオンS3（輪9）

❶ 10(3)
フレンチノットS（2回巻き）

❷ 722(3)
キャストオンS2（輪5）：
フレンチノットステッチを
中心に花びらを
3枚ずつ刺繍します。

# ステッチ練習7

図案・page 216

| 使用した糸 | ● 895　● 987　○ 3012　○ 3013　● 3347　● 3781 |
|---|---|
| 使用したステッチ | ストレートS、ファーンS、フライリーフS、フィッシュボーンS、サテンS、ブランケットS、ウーブンピコットS、アウトラインS、バックS、チェーンS、スプリットS |

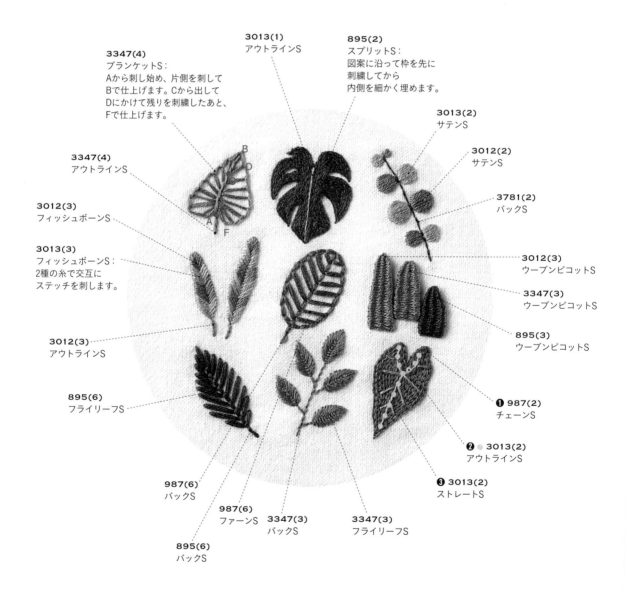

3013(1)
アウトラインS

895(2)
スプリットS：
図案に沿って枠を先に
刺繍してから
内側を細かく埋めます。

3347(4)
ブランケットS：
Aから刺し始め、片側を刺して
Bで仕上げます。Cから出して
Dにかけて残りを刺繍したあと、
Fで仕上げます。

3013(2)
サテンS

3012(2)
サテンS

3347(4)
アウトラインS

3781(2)
バックS

3012(3)
フィッシュボーンS

3013(3)
フィッシュボーンS：
2種の糸で交互に
ステッチを刺します。

3012(3)
ウーブンピコットS

3347(3)
ウーブンピコットS

895(3)
ウーブンピコットS

3012(3)
アウトラインS

895(6)
フライリーフS

❶ 987(2)
チェーンS

❷ ○ 3013(2)
アウトラインS

❸ 3013(2)
ストレートS

987(6)
バックS

987(6)
ファーンS

3347(3)
バックS

3347(3)
フライリーフS

895(6)
バックS

# ステッチ練習8

図案・page 217

| 使用した糸 | ● 7  ● 407  ○ 842 |
| --- | --- |
| 使用したステッチ | アウトラインS、チェーンS、スプリットS |

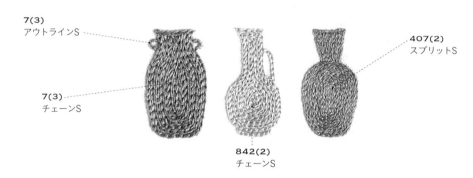

7(3)
アウトラインS

7(3)
チェーンS

842(2)
チェーンS

407(2)
スプリットS

# ステッチ練習9

図案・page 217

| 使用した糸 | ● 3781  ● 3862  ● 3863  ○ 3864 |
| --- | --- |
| 使用したステッチ | ステムS、バスケットS |

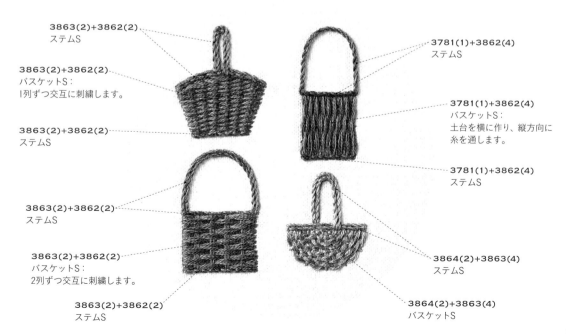

3863(2)+3862(2)
ステムS

3863(2)+3862(2)
バスケットS：
1列ずつ交互に刺繍します。

3863(2)+3862(2)
ステムS

3863(2)+3862(2)
ステムS

3863(2)+3862(2)
バスケットS：
2列ずつ交互に刺繍します。

3863(2)+3862(2)
ステムS

3781(1)+3862(4)
ステムS

3781(1)+3862(4)
バスケットS：
土台を横に作り、縦方向に
糸を通します。

3781(1)+3862(4)
ステムS

3864(2)+3863(4)
ステムS

3864(2)+3863(4)
バスケットS

Part 2

花を刺繍する時間

# Purple and Blue

ラベンダー／ブルースター

ブルーエルフィン／クレマチス

# #1
## 紫と青い花

# ラベンダー

プロバンスの香りが感じられるラベンダーを枠におさめました。
薄紫色の小さなつぼみの間にいる赤いテントウムシが目を引きます。

**図案・page 218**

| 使用した糸 | ラベンダー | ● 209 ● 310 ● 321 ● 333 ░ 677 ● 3053 | | |
|---|---|---|---|---|
| | ラベンダーリース | ● 209 ● 310 ● 321 ● 333 ░ 677 ● 3053 ● 3363 | | |

| 使用した ステッチ | ラベンダー | ストレートS、アウトラインS、レゼーデージー+ストレートS2、フレンチノットS、サテンS |
|---|---|---|
| | ラベンダーリース | ストレートS、アウトラインS、レゼーデージー+ストレートS2、フレンチノットS、サテンS、リボンS、バックS |

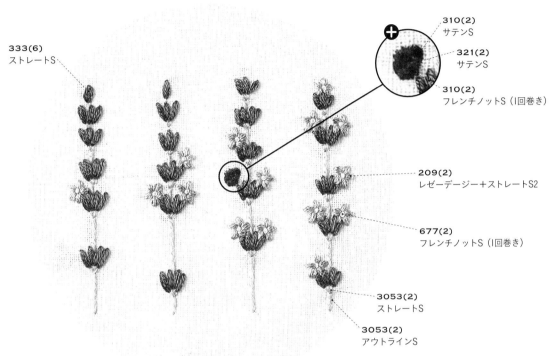

333(6)
ストレートS

310(2)
サテンS

321(2)
サテンS

310(2)
フレンチノットS（1回巻き）

209(2)
レゼーデージー＋ストレートS2

677(2)
フレンチノットS（1回巻き）

3053(2)
ストレートS

3053(2)
アウトラインS

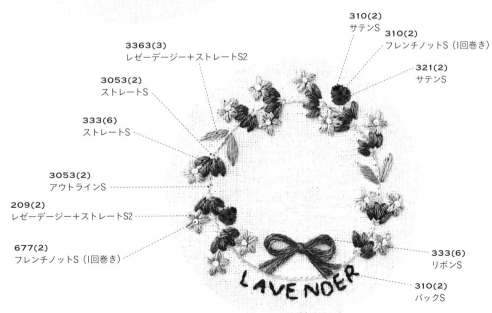

3363(3)
レゼーデージー＋ストレートS2

3053(2)
ストレートS

333(6)
ストレートS

3053(2)
アウトラインS

209(2)
レゼーデージー＋ストレートS2

677(2)
フレンチノットS（1回巻き）

310(2)
サテンS

310(2)
フレンチノットS（1回巻き）

321(2)
サテンS

333(6)
リボンS

310(2)
バックS

LAVENDER

## （ 刺繍の仕方 ）

**1** 紫色の花びらはストレートステッチの先端をつけて広がらないように刺繍します。

**2** 短い目でガクを刺し、アウトラインステッチで茎をまっすぐに刺繍します。

**3** 満開の薄紫色の花びらを刺繍し、花びらの真ん中に1回巻きのフレンチノットステッチで雄しべを刺します。

**POINT**：花びらを刺繍する時は、線の内側から針を出して輪を作り、線の上に針を入れると図案より大きくならずに小さい花が刺繍できます。

**4** サテンステッチでテントウムシの羽と頭を刺繍し、フレンチノットステッチで羽にある点の模様を刺繍します。

**POINT**：黒の点を刺す時、糸を強く引っ張りすぎるとサテンステッチの間に埋もれてしまうことがあります。優しく引いて羽の上に乗せてください。

## （ 図案の応用：ラベンダーリース ）

**1** ラベンダーの手順 **1** ～ **4** と同じ方法で刺繍してから緑色の葉を刺してください。

**2** 緑の葉のレゼーデージーステッチを刺す時に、輪を小さくして輪を留めるステッチを長く刺すと先のとがった葉にできます。

**3** 「LAVENDER」の文字を刺したあと、糸を 6 本どりにしてリボンを作って留めます。

POINT：サシェの作り方は、28 ページを参照してください。

# ブルースター

ブルースターの花びらは水色の絵の具がにじんだような、
ほのかな色味を帯びています。
花びらごとに違う色の濃度を表現するために、
2種類の色糸をさまざまな割合で混ぜて表現しました。

**図案・page 219**

| 使用した糸 | ○ 26　● 30　◑ 211　746　● 826　◐ 3013　3325　● 3362　● 3363　○ 3364　○ 3753　○ BLANC |
|---|---|
| 使用したステッチ | スプリットS、レゼーデージー+ストレートSI、サテンS、アウトラインS、フレンチノットS、グラニトスS |

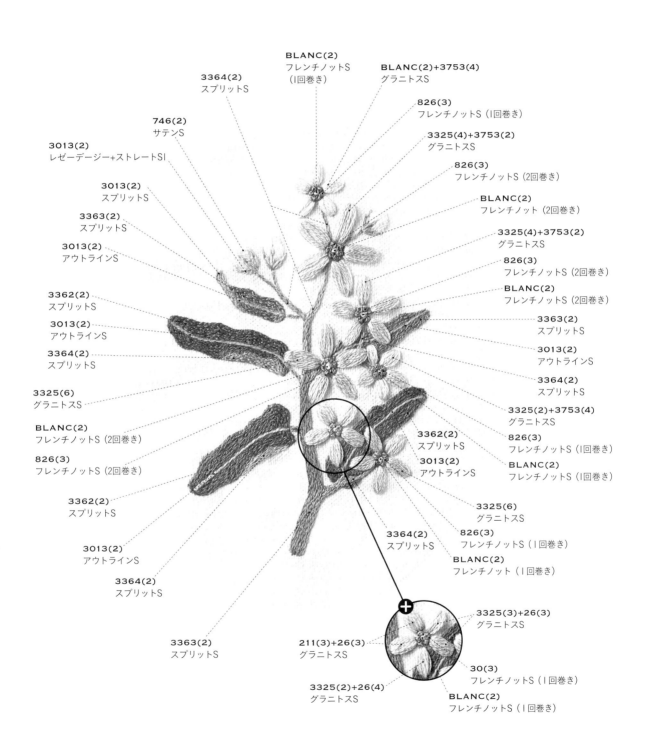

BLANC(2)
フレンチノットS
（1回巻き）

BLANC(2)+3753(4)
グラニトスS

3364(2)
スプリットS

826(3)
フレンチノットS（1回巻き）

746(2)
サテンS

3325(4)+3753(2)
グラニトスS

3013(2)
レゼーデージー+ストレートSI

826(3)
フレンチノットS（2回巻き）

3013(2)
スプリットS

BLANC(2)
フレンチノット（2回巻き）

3363(2)
スプリットS

3325(4)+3753(2)
グラニトスS

3013(2)
アウトラインS

826(3)
フレンチノットS（2回巻き）

3362(2)
スプリットS

BLANC(2)
フレンチノットS（2回巻き）

3013(2)
アウトラインS

3363(2)
スプリットS

3364(2)
スプリットS

3013(2)
アウトラインS

3325(6)
グラニトスS

3364(2)
スプリットS

BLANC(2)
フレンチノットS（2回巻き）

3325(2)+3753(4)
グラニトスS

826(3)
フレンチノットS（2回巻き）

826(3)
フレンチノットS（1回巻き）

3362(2)
スプリットS

BLANC(2)
フレンチノットS（1回巻き）

3362(2)
スプリットS

3013(2)
アウトラインS

3013(2)
アウトラインS

3325(6)
グラニトスS

3364(2)
スプリットS

826(3)
フレンチノットS（1回巻き）

3364(2)
スプリットS

BLANC(2)
フレンチノット（1回巻き）

3363(2)
スプリットS

211(3)+26(3)
グラニトスS

3325(3)+26(3)
グラニトスS

3325(2)+26(4)
グラニトスS

30(3)
フレンチノットS（1回巻き）

BLANC(2)
フレンチノットS（1回巻き）

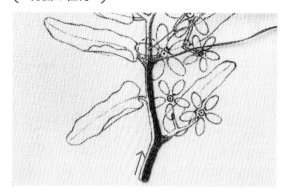

**1** 茎を2色で刺繍するために茎の下の部分から刺し始め、一方向に刺します。色が変わる部分は半目ではなく、1目先に入れた状態で仕上げます。

**2** 3364番糸を手順1の最後の針目の中央から出して、続けてスプリットステッチで刺していきます。

**3** ガクの部分をレゼーデージーステッチで刺します。輪を固定する目を長く引いて先端をとがらせ、輪の内側をストレートステッチで刺します。

**4** つぼみをサテンステッチで細かく埋めます。

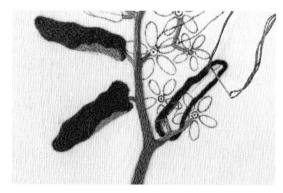

**5** 葉は曲線の形が崩れないように輪郭を先に刺繍してから内側を細かく埋めていきます。茎と重なる部分は茎の下に針を斜めに入れて仕上げ、再び反対側から斜めに針を出します。

**6** 葉の上にアウトラインステッチで葉脈を描きます。

**7** 大きい3つの花芯はフレンチノットステッチの2回巻きで刺繍し、残りの小さい花芯は1回巻きにします。

**8** 花びらの中間に小さく1目を刺してからグラニトスステッチをします。

**POINT**：糸の本数が多い時は、ステッチで隠れる部分に小さく1針刺してからステッチを始めると結び目が引っかからずに刺繍できます。

**9** 残りの花びらもグラデーションが出るように刺繍していきます。

**POINT**：A糸とB糸を1本ずつ交互に合わせてから使用すると、同じ色がまとまらず、自然に混ざった色味を表現できます。

# ブルーエルフィン
（韓国名：蝶アジサイ）

私たちがよく見るアジサイとは形がかなり違います。花びらが蝶の羽のように
見えることから、"蝶のアジサイ"と名付けられました。
管のように長い雄しべを薄く細かく刺繍するのがポイントです。

**図案・page 220**

| 使用した糸 | ● 28　● 156　○ 340　● 797　○ 3053　● 3740　　3747　● 3807 |
|---|---|
| 使用したステッチ | フレンチノットS、アウトラインS、バックS、チェーンS、ステムS、レゼーデージーS、サテンS |

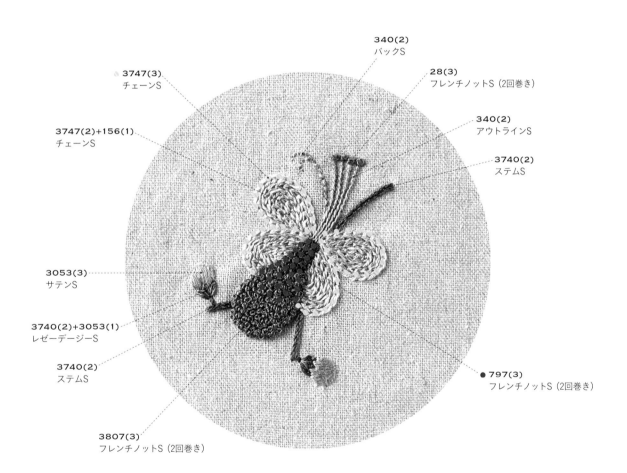

340(2)
バックS

28(3)
フレンチノットS（2回巻き）

3747(3)
チェーンS

340(2)
アウトラインS

3747(2)+156(1)
チェーンS

3740(2)
ステムS

3053(3)
サテンS

3740(2)+3053(1)
レゼーデージーS

3740(2)
ステムS

797(3)
フレンチノットS（2回巻き）

3807(3)
フレンチノットS（2回巻き）

（ 刺繍の仕方 ）

**1** 真ん中の細長い花びらを中心から３つに分け、Aの部分を細かく刺繍します。

**2** Bの部分は、ややまばらに刺繍します。

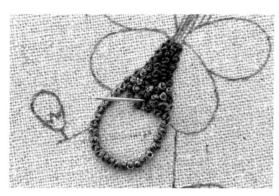

**3** 糸を薄い色に替えて、Bの部分の隙間とCの部分を細かく刺繍します。

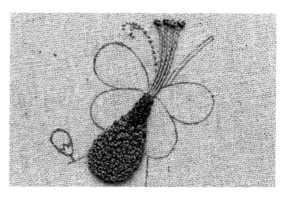

**4** ４本の長い雄しべをアウトラインステッチでなるべく厚みが出ないように注意して刺し、先端部分にフレンチノットステッチを刺繍します。先端が分かれた雌しべはバックステッチで刺します。

**5** 両側の花びらはチェーンステッチで輪郭から刺繍します。

**6** 糸を替えて花びらの内側を埋めます。

**POINT**：全部で３本の糸をA糸、B糸、A糸、というように交互に合わせてから使用すると、同じ色がまとまらず、自然に混ざった色味を表現できます。

**7** 茎の部分はステムステッチを並べて刺繍します。つぼみにつながる短い茎も細かく刺します。

　**POINT**：ステムステッチを並べて刺す時は、同じ方向に刺すほうが自然です。

**8** 3740番の糸を2本と3053番の糸を1本でガクを刺繍します。

**9** つぼみをサテンステッチで細かく刺して完成させます。

# クレマチス

"あなたの心は本当に美しい"という麗しい花言葉を持つ花です。
紫系の花々をリース状に刺繍して、つるの雰囲気を表現しました。

**図案・page 221**

| 使用した糸 | ● 34 ● 35 ◌ 153 ● 155 ● 209 ● 554 ● 552 | 739 ● 839 ● 986 ● 987 ◌ 3364 ● 3746 |
|---|---|---|

使用したステッチ ステムS、バックS、フライリーフS、レゼーデージー+ストレートS1·S2、スミルナS1、フレンチノットS

● 987(2)
フライリーフS

153(4) レゼーデージー＋
554(4) ストレートS2

35(2)
ステムS

● 987(2)
バックS

● 986(2)
フライリーフS

3746(4) レゼーデージー＋
155(4) ストレートS2

● 986(2)
バックS

3364(2)
レゼーデージー＋
ストレートS1

35(4) レゼーデージー＋
34(4) ストレートS2

155(2)
レゼーデージー＋
ストレートS1

209(4) レゼーデージー＋
34(4) ストレートS2

739(2)
フレンチノットS（2回巻き）

739(2)
スミルナS1

35(4) レゼーデージー＋
34(4) ストレートS2

839(3)
ステムS

552(4) レゼーデージー＋
209(4) ストレートS2

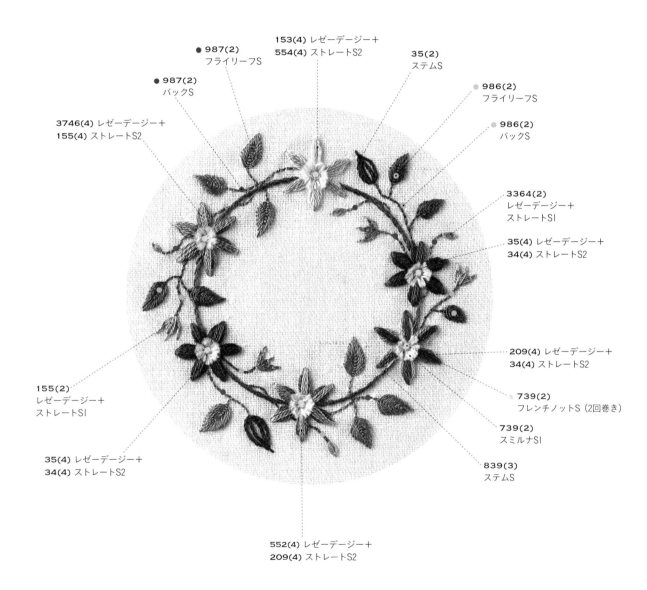

## （ 刺繍の仕方 ）

**1** つるの曲線を生かし、ステムステッチで刺します。

**2** 緑色の茎をバックステッチで刺繍し、葉はフライリーフステッチで細かく刺します。

　　**POINT**：茎が曲がる部分は1目を短くして細かく刺繍してください。

**3** 花びらと小さなつぼみはレゼーデージーステッチで刺繍し、内側をストレートステッチで埋めます。

　　**POINT**：花びらは輪を固定するステッチを長く刺し、先がとがるようにしてください。両側の花びらを先に刺してから、真ん中の花びらを刺すと、きれいに仕上がります。

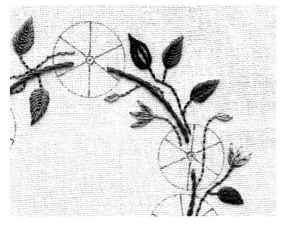

**4** 大きなつぼみは図案に沿って短い目のステムステッチ
で刺します。

**5** 大きな花びらはレゼーデージーステッチを先に刺して
から、糸の色を替えてストレートステッチを刺します。

**6** 花びらの内側部分にスミルナステッチを刺し、輪を残
した状態で真ん中にフレンチノットステッチを施しま
す。スミルナステッチの輪を切ったあとに長さを整え
ます。

**7** クレマチスの完成です。

# Yellow and Orange

ひまわり / 菜の花

アイスランドポピー / レンギョウ

# #2
## 黄色とオレンジ色の花

# ひまわり

太陽に似た姿から"太陽の花"とも呼ばれる代表的な夏の花です。
都会ではなかなか見られないひまわりを枠におさめてみました。
シンプルな図案ですが、花びらごとに異なる色の糸を
使って多彩に表現しました。

**図案・page 222**

| 使用した糸 | ひまわり | ● 782　● 783　● 986　● 987　● 3012　● 3053　● 3345　● 3347　● 3781 |
| | | ● 3820　● 3821 |
| | ひまわりパターン | ● 782　● 895　● 3012　● 3346　● 3781　● 3820　● 3822 |
| 使用した**ステッチ** | ひまわり | アウトラインS、ブランケットS、フレンチノットS、レゼーデージー+ストレートS2 |
| | ひまわりパターン | アウトラインS、ブランケットS、フレンチノットS、レゼーデージー+ストレートS2、ストレートS |

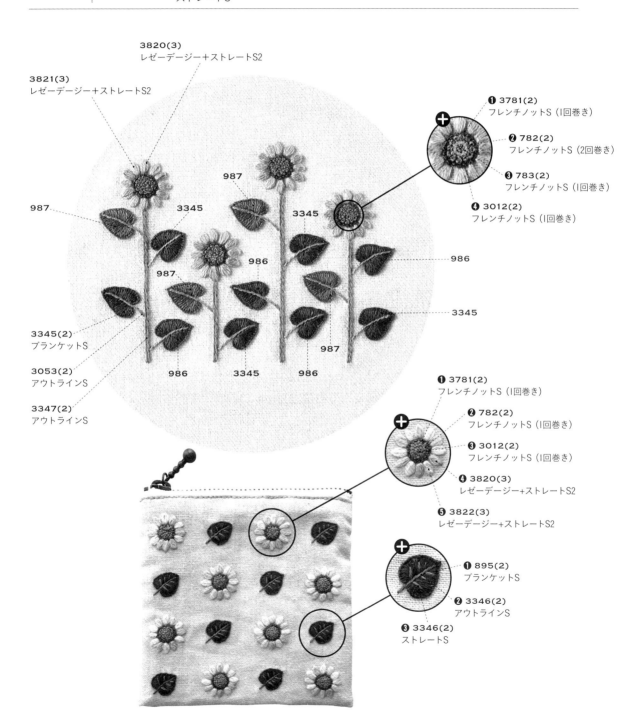

3821(3)
レゼーデージー＋ストレートS2

3820(3)
レゼーデージー＋ストレートS2

❶ 3781(2)
フレンチノットS（1回巻き）

❷ 782(2)
フレンチノットS（2回巻き）

❸ 783(2)
フレンチノットS（1回巻き）

❹ 3012(2)
フレンチノットS（1回巻き）

987

987

3345

3345

986

986

3345

3345

987

986

3345

986

3345(2)
ブランケットS

3053(2)
アウトラインS

3347(2)
アウトラインS

❶ 3781(2)
フレンチノットS（1回巻き）

❷ 782(2)
フレンチノットS（1回巻き）

❸ 3012(2)
フレンチノットS（1回巻き）

❹ 3820(3)
レゼーデージー+ストレートS2

❺ 3822(3)
レゼーデージー+ストレートS2

❶ 895(2)
ブランケットS

❷ 3346(2)
アウトラインS

❸ 3346(2)
ストレートS

## （ 刺繍の仕方 ）

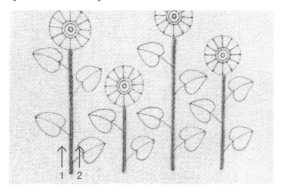

**1** 茎はアウトラインステッチを同じ方向に並べて刺します。

**2** 葉の形を自然に表現するため、曲線部分はブランケットステッチの短い目と長い目を交互に刺します。

**3** 葉脈はアウトラインステッチで茎と自然につながるように刺します。

**POINT**：葉脈は1目先に入れた状態で仕上げると先端がシャープに仕上がります。

**4** 雄しべはフレンチノットステッチで外側から1列ずつ刺していきます。

**POINT**：糸の色と巻く回数を間違えないように注意してください。

**5** 花びらを1マス飛ばしにして2色で刺繍していきます。

**6** ひまわりの完成です。

## 図案の応用：ひまわりパターン

**1** ひまわりの刺し方 **4** 〜 **5** と同じ要領で花を刺繍してください。

**2** **2** 〜 **3** と同じ要領で葉と茎を刺繍してください。

POINT：ストレートステッチで葉脈を刺してキュートさをプラスしましょう。

# 菜の花

3月になると済州島のあちこちを黄色に染める花です。
咲き始めから満開まで、
咲き加減に従って花を3段階に分けて表現しています。

**図案・page 223**

| 使用した糸 | 17　18　734　3362　3363　3364　3821 |
|---|---|
| 使用したステッチ | アウトラインS、ストレートS、バックS、ブランケットS、グラニトスS、レゼーデージーS、フライS、フレンチノットS、バリオンS2 |

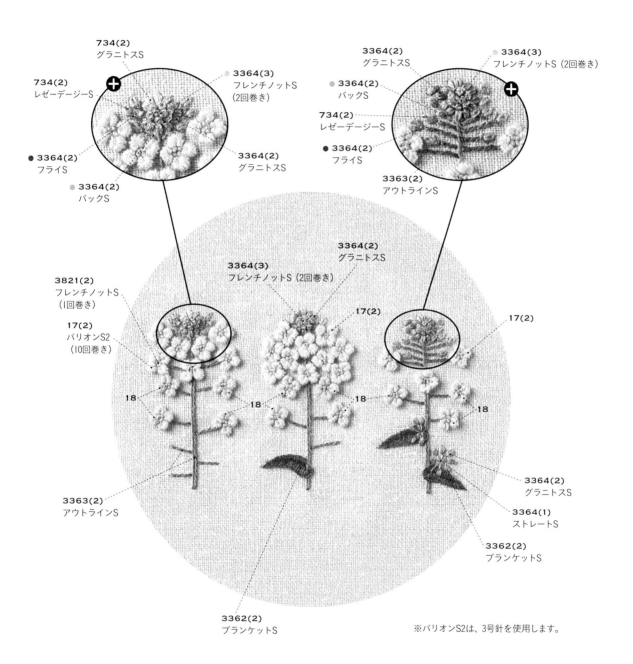

734(2)
グラニトスS

734(2)
レゼーデージーS

3364(3)
フレンチノットS
（2回巻き）

3364(2)
グラニトスS

3364(2)
フライS

3364(2)
バックS

3364(2)
グラニトスS

3364(3)
フレンチノットS（2回巻き）

3364(2)
バックS

734(2)
レゼーデージーS

3364(2)
フライS

3363(2)
アウトラインS

3364(3)
フレンチノットS（2回巻き）

3364(2)
グラニトスS

17(2)

3821(2)
フレンチノットS
（I回巻き）

17(2)
バリオンS2
（10回巻き）

17(2)

18

18

18

18

18

3363(2)
アウトラインS

3364(2)
グラニトスS

3364(1)
ストレートS

3362(2)
ブランケットS

3362(2)
ブランケットS

※バリオンS2は、3号針を使用します。

**1** 茎はアウトラインステッチで、葉はブランケットステッチで刺繍します。

> **POINT**：葉が細長い形の時は、あらかじめガイド線を描いておいて刺繍すると間隔を合わせやすくなります。

**2** 葉とつながった細い茎をストレートステッチで、茎の端の部分につぼみをグラニトスステッチで刺繍します。

**3** フライステッチでガクを先に刺してから、バックステッチとアウトラインステッチで茎を刺繍します。

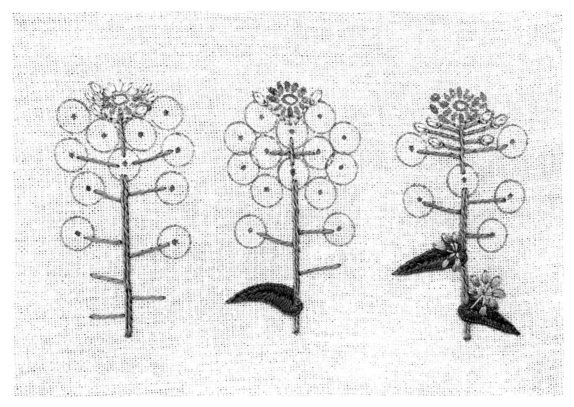

**4** ガクとつながっているつぼみはレゼーデージーステッチで、残りのつぼみはグラニトスステッチで刺します。

POINT：今にもつぼみが開きそうな、ふっくら感をグラニトスステッチで表現できます。

**5** 花の上の小さいつぼみは2回巻き、花びらの中の雄しべは1回巻きのフレンチノットステッチで刺繍します。

**6** 花びらはフレンチノットステッチを4つのバリオンステッチで囲んで1つずつ完成させていきます。

POINT：花びらを刺す時は、糸の本数が少なくても太い3号針を使うとふっくらときれいに刺繍できます。

# アイスランドポピー

"シベリアひなげし"とも呼ばれる、
茎の曲線とふわふわした花びらが愛らしい花です。
柔らかい毛の生えたつぼみの感じを生かすためにウール糸を使いました。

**図案・page 224**

| 使用した糸 | アイランドポピー | ● 350 ◐ 676 ◐ 734 ◐ 3053 ◐ 3774   3822 ◐ 3854 |
| --- | --- | --- |
| | | ○ BLANC ● 356（アップルトンウール） |
| | アイランドポピー花瓶 | ◐ 7 ● 8 ● 350 ◐ 676 ◐ 734 ● 3053   3774 ◐ 3854 |
| | | 3822 ○ BLANC ● 356（アップルトンウール） |

| 使用したステッチ | アイランドポピー | アウトラインS、サテンS、スミルナS3、フレンチノットS |
| --- | --- | --- |
| | アイランドポピー花瓶 | スプリットS、サテンS、スミルナS3、フレンチノットS、アウトラインS |

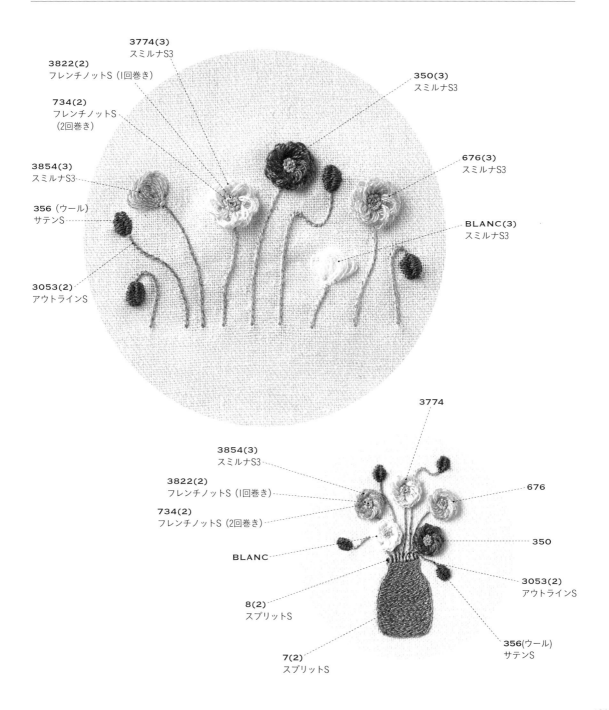

3774(3)
スミルナS3

3822(2)
フレンチノットS（1回巻き）

734(2)
フレンチノットS
（2回巻き）

3854(3)
スミルナS3

356（ウール）
サテンS

3053(2)
アウトラインS

350(3)
スミルナS3

676(3)
スミルナS3

BLANC(3)
スミルナS3

3774

3854(3)
スミルナS3

3822(2)
フレンチノットS（1回巻き）

734(2)
フレンチノットS（2回巻き）

BLANC

8(2)
スプリットS

7(2)
スプリットS

676

350

3053(2)
アウトラインS

356(ウール)
サテンS

## （ 刺繍の仕方 ）

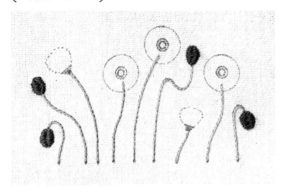

**1** アウトラインステッチで茎を刺し、サテンステッチでつぼみを刺します。

**POINT**：茎の曲線部分は直線部分より目の間隔を細かく刺繍すると自然な感じになります。

**2** 横向きの花は、スミルナステッチの輪をぴったりつけて3列刺します。1列目は輪を3つ、2列目は輪を2つ、3列目は輪を1つ作ります。

**3** 満開の花びらは図案に沿って円形に2列ずつ刺繍します。

**POINT**：1目の間隔を1mm程度に細かく刺すと豊かな花の形ができます。

**4** 花びらの内側に糸をぴったりつけてフレンチノットステッチを円形に刺します。糸を1回ずつ巻いて小さなノットにします。

**5** 花芯の中央は、糸を2回巻きに大きさを変えて雌しべを刺します。

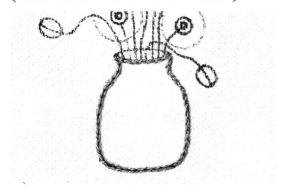

**1** 花瓶はスプリットステッチで先に輪郭を刺してください。

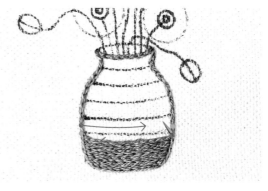

**2** 一定の間隔でガイド線を描いてください。輪郭のステッチの真ん中から針を出して左右と交互に刺すと、ステッチが一方に傾かずにできます。

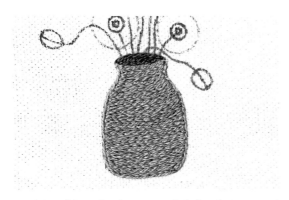

**3** 花瓶の内側は濃い色で埋めて立体感を表現してください。

**4** 花はアイスランドのポピーの刺繍の仕方の手順 **1** 〜 **5** を参考にして刺してください。

# レンギョウ

春を代表する可愛らしい花です。
新学期が始まる頃、学校の塀の周りでよく見かけるからでしょうか、
レンギョウを見ると明るく活気あふれる勢いを感じます。

**図案・** page 225

| 使用した糸 | 677 ● 783 ● 839 ● 3347 ● 3820 ● 3821 3822 |
|---|---|
| 使用したステッチ | ステムS、ロゼットチェーンS、フライS、フレンチノットS、ストレートS、レゼーデージーS |

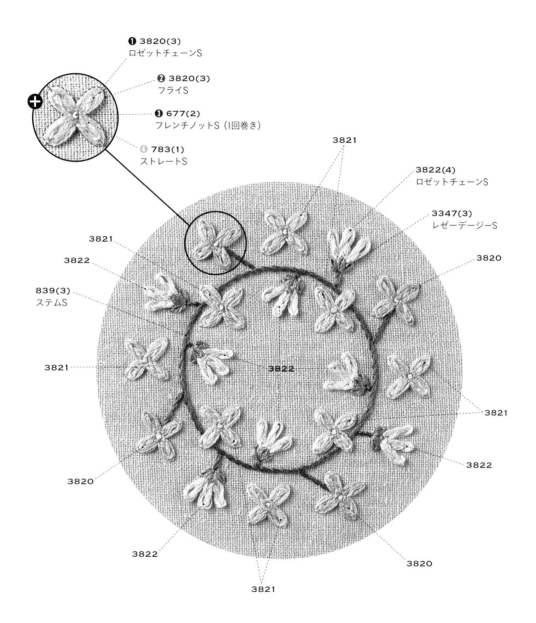

❶ 3820(3)
ロゼットチェーンS

❷ 3820(3)
フライS

❸ 677(2)
フレンチノットS（I回巻き）

❹ 783(1)
ストレートS

3821

3822(4)
ロゼットチェーンS

3347(3)
レゼーデージーS

3820

3821
3822

839(3)
ステムS

3822

3821

3821

3822

3820

3820

3821

3822

3820

133

## （　刺繍の仕方　）

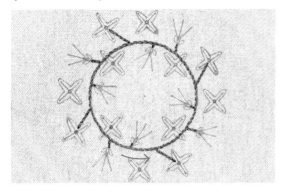

**1**　糸は円の外側に置き、反時計回りに刺繍していきます。

**2**　ロゼットチェーンステッチで花びらを4枚刺します。

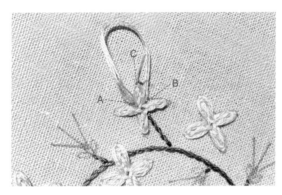

**3**　ロゼットチェーンステッチの外側にフライステッチを刺します。Aから針を出してBに入れて輪を作ったあと、Cから出して糸を引きます。

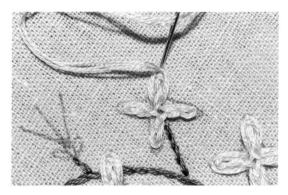

**4**　輪の外側に針を入れて仕上げます。

**5**　花の中央にある雄しべは糸を1回巻いたフレンチノットステッチで表現します。

**6**　ストレートステッチで雄しべの周りにポイントを入れます。

**7** 横向きの花びらは、始点 A のすぐそばの B から針を
出します。針を A に入れたあと、C から出して針を
渡した状態でステッチを始めます。

**8** ロゼットチェーンステッチで花びら3枚を刺し、最初
のステッチの輪の間に針を入れて仕上げます。

**9** レゼーデージーステッチでガクの部分を刺繍して仕上
げます。

*Pink*

りんごの花／梅の花

桜の花／小菊

# #3

ピンクの花

# りんごの花

4〜5月に咲くりんごの花は"誘惑"という花言葉があるほど、
見てみると本当に美しいです。
刺繍をしている間、りんごの花の魅力にじっくりと浸ってみてください。

**図案・page 226**

| 使用した糸 | 🔘 23　⚫ 600　⚫ 602　◐ 676　◐ 818　⚫ 3011　⚫ 3345　⚫ 3346　◯ 3348 |
|---|---|
| 使用した**ステッチ** | スプリットS、サテンS、フレンチノットS、アウトラインS、レゼーデージー+ストレートS2 |

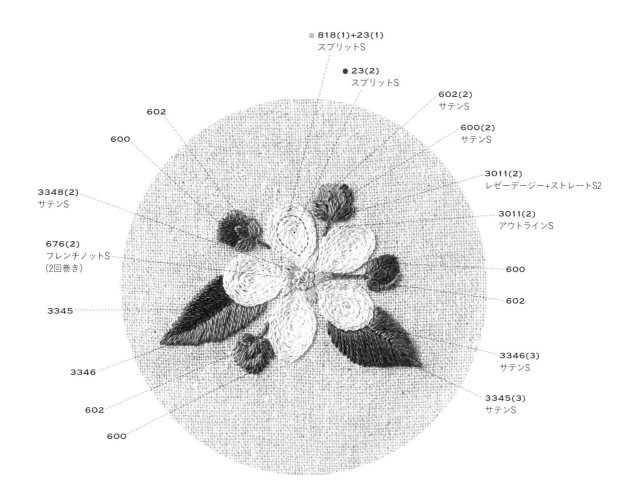

● 818(1)+23(1)
スプリットS

● 23(2)
スプリットS

602(2)
サテンS

600(2)
サテンS

3011(2)
レゼーデージー+ストレートS2

3011(2)
アウトラインS

602

600

3348(2)
サテンS

676(2)
フレンチノットS
（2回巻き）

3345

3346

602

600

600

602

3346(3)
サテンS

3345(3)
サテンS

**1** 2色の糸を1本ずつ合わせて花びらの外側の輪郭から
スプリットステッチで2列刺繍します。

POINT：花びらの外側が少し赤いピンク色になるように糸を混
ぜて刺繍してください。

**2** 23番糸を2本どりにして花びらの内側を埋めていき
ます。

**3** 花びらの内側に黄緑色のガクをサテンステッチで、その中に雄しべをフレンチノットステッチで刺します。外側の
つぼみとつながる茎をアウトラインステッチで刺したあと、つぼみのガクの部分をくっつけて刺繍します。

**4** ガクとの境目に注意しながら、つぼみをサテンステッチで刺繍します。

**5** 葉の片側を半分に分けて中心から外側に向かって刺繍します。反対側の葉も同様に刺して完成させます。

# 梅の花

寒い冬を乗り越えて真っ先に花を咲かせ、春の訪れを知らせてくれる花です。
花の正面の姿と側面の姿を織り交ぜて刺繍し、アクセントをつけました。

**図案・page 227**

| 使用した糸 | ● 8  ◐ 676   819  ● 3712  ○ BLANC |
|---|---|
| 使用した**ステッチ** | スプリットS、チェーンS、サテンS、フレンチノットS、ストレートS |

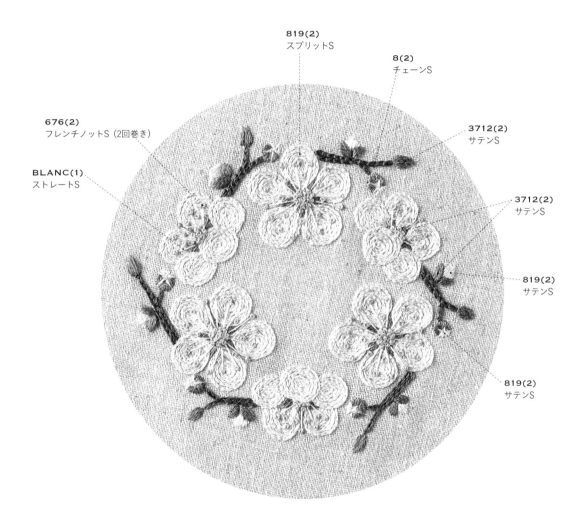

819(2)
スプリットS

8(2)
チェーンS

676(2)
フレンチノットS（2回巻き）

BLANC(1)
ストレートS

3712(2)
サテンS

3712(2)
サテンS

819(2)
サテンS

819(2)
サテンS

## （ 刺繍の仕方 ）

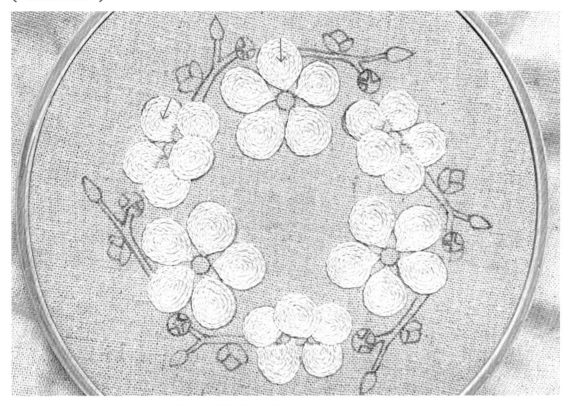

**1** 花びらはスプリットステッチで外側から内側の順で刺繍していきます。

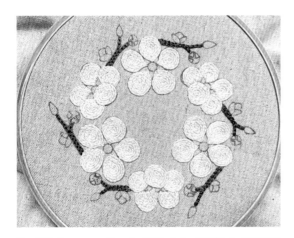

**2** 枝をチェーンステッチで刺します。花びらとの間に隙間ができないように境目まで細かく刺繍します。

**3** 花びらの内側、ガク、つぼみをサテンステッチで刺します。

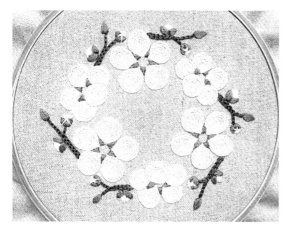 

**4** 少し咲いたつぼみをガクとの境目に注意しながらサテンステッチで刺します。

**5** 2回巻きのフレンチノットステッチで雄しべの先端部分を刺し、ストレートステッチで細長い部分を表現します。

# 桜の花

"春"といえば、真っ先に思い浮かぶ花です。
美しい花があまりにも早く散ってしまうのをいつも残念に思っていました。
長く眺めていたい気持ちを込めて、ひと針ずつ刺繍してみます。

**図案・page 228**

| 使用した糸 | ● 372　● 676　　819　● 840　● 3712 |
|---|---|
| 使用したステッチ | アウトラインS、サテンS、レゼーデージー+ストレートS2、ストレートS、レゼーデージーS、フレンチノットS、キャストオンS2 |

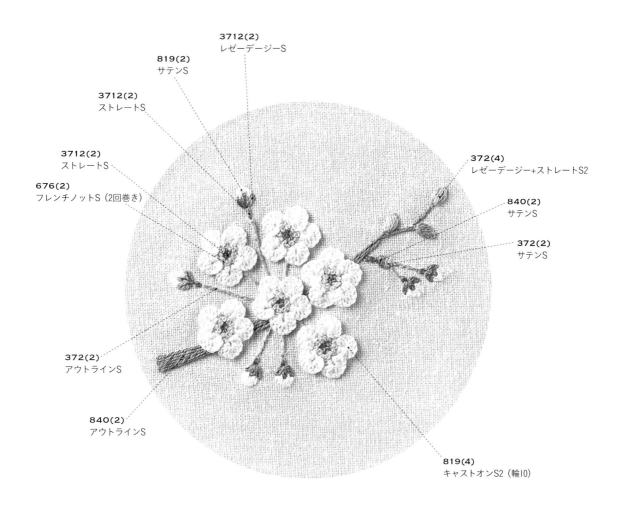

**3712(2)**
レゼーデージーS

**819(2)**
サテンS

**3712(2)**
ストレートS

**3712(2)**
ストレートS

**676(2)**
フレンチノットS（2回巻き）

**372(4)**
レゼーデージー+ストレートS2

**840(2)**
サテンS

**372(2)**
サテンS

**372(2)**
アウトラインS

**840(2)**
アウトラインS

**819(4)**
キャストオンS2（輪10）

（　刺繍の仕方　）

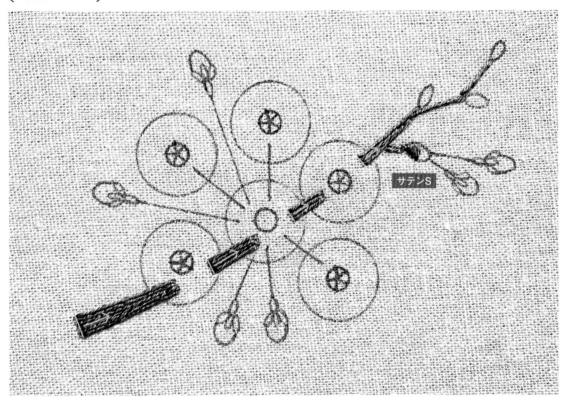

サテンS

**1** 枝は糸のねじれがそろうようにアウトラインステッチを同じ方向に刺します。枝分かれして花柄につながる部分はサテンステッチで刺します。

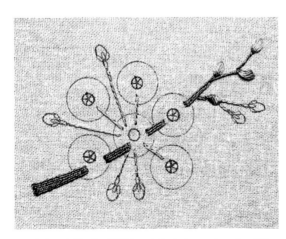

**2** 中央から伸びる花柄をアウトラインステッチで刺し、つぼみは枝と隙間なくつながるようにぎっしりと埋めます。

**3** 花柄からガクにつながる部分はストレートステッチで2列ずつ刺繍します。ガクはレゼーデージーステッチを用い、つぼみはサテンステッチで丸い形を生かして細かく埋めます。

**4** 花びらの内側に放射状のストレートステッチを、その周りに2回巻きのフレンチノットステッチを刺します。花び
らはキャストオンステッチで仕上げます。

# 小菊

涼しい秋の散歩道で出会ったピンク色の小菊です。
幾重にも開いた小さな花びらをロゼットチェーンステッチで表現しました。

**図案・page 228**

| 使用した糸 | 23　151 ●895　987　3053　3733 |
|---|---|
| 使用したステッチ | チェーンS、アウトラインS、ロゼットチェーンS、フレンチノットS |

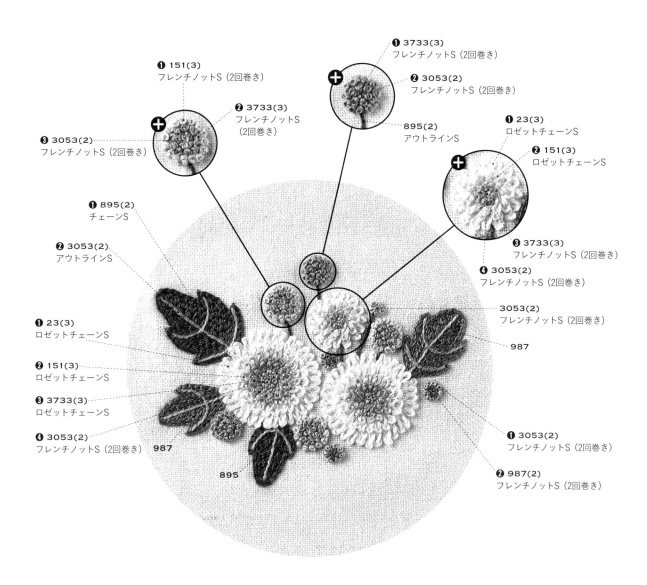

❶ 151(3)
フレンチノットS (2回巻き)

❷ 3733(3)
フレンチノットS
(2回巻き)

❸ 3053(2)
フレンチノットS (2回巻き)

❶ 3733(3)
フレンチノットS (2回巻き)

❷ 3053(2)
フレンチノットS (2回巻き)

895(2)
アウトラインS

❶ 23(3)
ロゼットチェーンS

❷ 151(3)
ロゼットチェーンS

❸ 3733(3)
フレンチノットS (2回巻き)

❹ 3053(2)
フレンチノットS (2回巻き)

❶ 895(2)
チェーンS

❷ 3053(2)
アウトラインS

❶ 23(3)
ロゼットチェーンS

❷ 151(3)
ロゼットチェーンS

❸ 3733(3)
ロゼットチェーンS

❹ 3053(2)
フレンチノットS (2回巻き)

987

895

3053(2)
フレンチノットS (2回巻き)

987

❶ 3053(2)
フレンチノットS (2回巻き)

❷ 987(2)
フレンチノットS (2回巻き)

**1** 葉はチェーンステッチで輪郭を先に刺し、内側を半分に分けて葉脈と並行に刺繍します。

POINT：ガイド線を葉脈の方向にあらかじめ描いておくと刺しやすいです。

**2** 葉の上に熱で消えるペンや水性ペンで葉脈を描き、アウトラインステッチで刺繍します。

**3** 花びらはロゼットチェーンステッチで外側から円形に刺し、内側のステッチが外側のステッチとやや重なるように刺繍していきます。

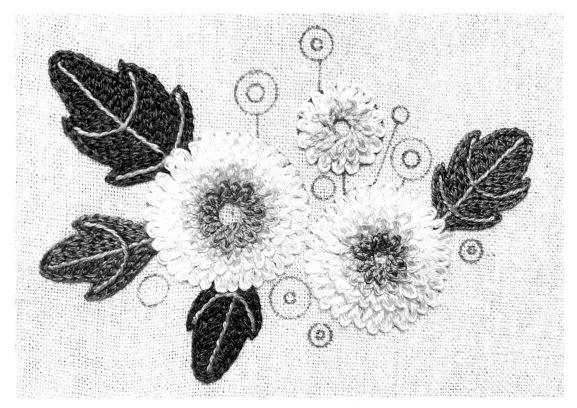

**4** 重なり合う花びらの色がグラデーションになるように内側に向かって濃い色で刺繍していきます。

**5** 花の雄しべと大きな花の周りにある小さなつぼみは、2回巻きのフレンチノットステッチで刺繍します。

**6** 花の間に見える茎をアウトラインステッチで刺して完成させます。

*Red*

椿／マツバボタン

ポピー／カーネーション

# #4
## 赤い花

椿

赤い花びらと緑色の葉が対照的で華やかさが漂う花です。
花びらと葉の糸の色を少しずつ変えて刺繍しても素敵です。
雄しべの部分にビーズでポイントをつけ、キラキラ感を出します。

**図案・page 229**

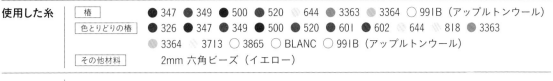

| 使用した糸 | 椿 | ● 347 ● 349 ● 500 ● 520 ○ 644 ● 3363 ○ 3364 ○ 991B（アップルトンウール） |
| --- | --- | --- |
| | 色とりどりの椿 | ● 326 ● 347 ● 349 ● 500 ● 520 ● 601 ● 602 ○ 644 ○ 818 ● 3363 |
| | | ○ 3364 ○ 3713 ○ 3865 ○ BLANC ○ 991B（アップルトンウール） |
| | その他材料 | 2mm 六角ビーズ（イエロー） |

| 使用した<br>ステッチ | 椿 | チェーンS、サテンS、ビーズS、アウトラインS |
| --- | --- | --- |
| | 色とりどりの椿 | チェーンS、サテンS、ビーズS、アウトラインS |

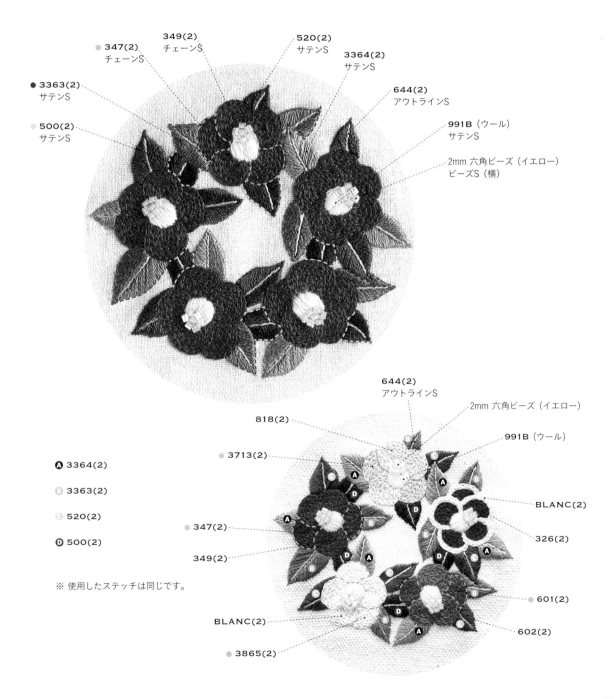

347(2)
チェーンS

349(2)
チェーンS

520(2)
サテンS

3364(2)
サテンS

● 3363(2)
サテンS

644(2)
アウトラインS

● 500(2)
サテンS

991B（ウール）
サテンS

2mm 六角ビーズ（イエロー）
ビーズS（横）

644(2)
アウトラインS

2mm 六角ビーズ（イエロー）

818(2)

991B（ウール）

● 3713(2)

BLANC(2)

Ⓐ 3364(2)

Ⓑ 3363(2)

Ⓒ 520(2)

Ⓓ 500(2)

● 347(2)

349(2)

326(2)

※ 使用したステッチは同じです。

601(2)

BLANC(2)

602(2)

● 3865(2)

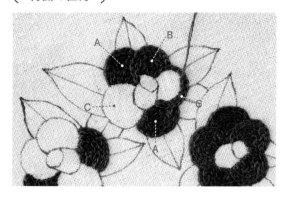

**1** 花びらは後方に位置するものから1枚ずつA、B、C
の順にチェーンステッチで刺します。

**2** 花びらの内側にある雄しべをサテンステッチで細かく
隙間なく刺繍します。

**3** 雄しべの先端にビーズ6つを横向きにして刺し、真ん
中にもう1つを縫い留めて花を完成させます。

**POINT**：ビーズがない場合は、黄色の糸3本で2回巻きのフ
レンチノットステッチを作り、ふっくらと刺繍してもきれいです。

**4** 葉は葉脈を中心に片方ずつ刺繍します。

**POINT**：同じ色の葉にあらかじめ目印をつけておくと、迷わずに
刺繍できます。

**5** 葉脈はアウトラインステッチで細く刺します。

( 図案の応用：色とりどりの椿 )

刺繍の要領は、椿の刺し方の手順 **1** 〜 **5** と同じです。白と赤が混ざった椿は、輪郭を白で 2 列刺繍したあと、内側を赤で刺してください。

**POINT**：糸の色が数種類あるので、図案をよく確認して刺繍してください。

# マツバボタン

幼い頃は道でよく見かけましたが、
最近はあまり見かけなくなってしまったので、ふいに出会うと嬉しい花です。
よく見ると真ん中の星の形がとてもきれいです。

**図案・**page 230

| 使用した糸 | ● 304　○ 746　● 783　● 3362　● 3363　● 3364　● 3722 |
|---|---|
| 使用したステッチ | スプリットS、サテンS、ストレートS、フレンチノットS |

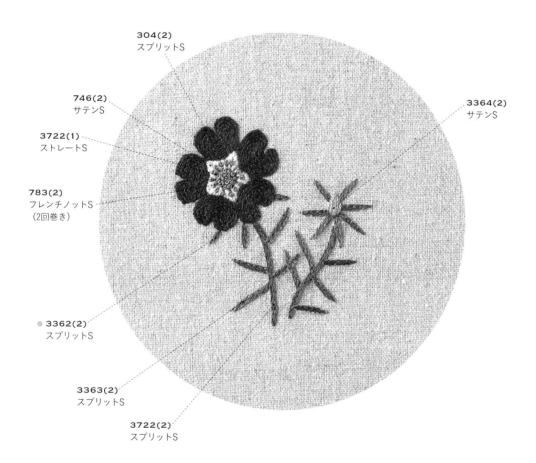

304(2)
スプリットS

746(2)
サテンS

3722(1)
ストレートS

783(2)
フレンチノットS
(2回巻き)

3364(2)
サテンS

● 3362(2)
スプリットS

3363(2)
スプリットS

3722(2)
スプリットS

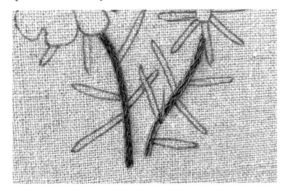

**1** 茎をスプリットステッチで刺します。

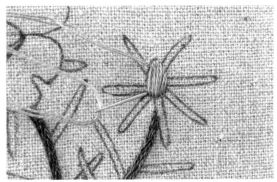

**2** つぼみをサテンステッチで丁寧に刺します。

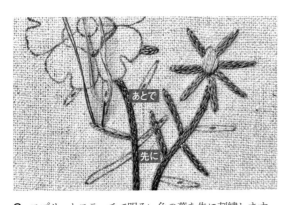

**3** スプリットステッチで明るい色の葉を先に刺繍します。

　　**POINT**：色が違う部分はあらかじめペンで印をつけておくと迷わず刺繍できます。

**4** 残りの葉を刺繍します。

**5** 花びらの赤い部分は先に輪郭をスプリットステッチで刺してから、内側を細かく埋めていきます。

**6** 花びらの中心部分をサテンステッチで埋めます。

**7** サテンステッチの上にペンで花糸の位置の印をつけます。印の端から針を出して花の中心方向に入れるストレートステッチで花芯を刺繍します。

**8** 雄しべの先端と中央の花芯部分をフレンチノットステッチで刺繍します。

**9** マツバボタンの完成です。

# ポピー

暖かい風がそよぐ5〜6月に河川の周辺で見られる赤い花です。
小さな花束の形に刺繍して花びらの中心をビーズで飾り、
特別な感じを出してみてください。

**図案・page 231**

| 使用した糸 | ポピー | 6 ● 349 ● 3346 ● 3347 ● 356（アップルトンウール） |
|---|---|---|
| | その他材料 | 2mm 六角ビーズ（イエロー） 2mm 六角ビーズ（ブロンズ） |

| 使用したステッチ | アウトラインS、サテンS、スミルナS3、ビーズS、ストレートS、リボンS |
|---|---|

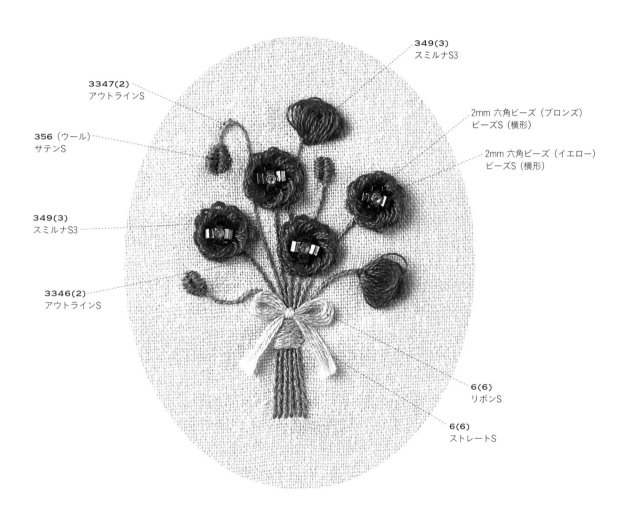

349(3)
スミルナS3

3347(2)
アウトラインS

2mm 六角ビーズ（ブロンズ）
ビーズS（横形）

356（ウール）
サテンS

2mm 六角ビーズ（イエロー）
ビーズS（横形）

349(3)
スミルナS3

3346(2)
アウトラインS

6(6)
リボンS

6(6)
ストレートS

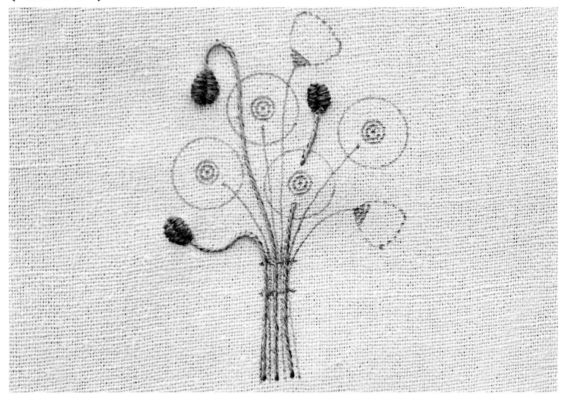

**1**　先につぼみとつながっている茎をアウトラインステッチで、つぼみをサテンステッチで刺繍します。

**2**　花とつながっている部分の茎をアウトラインステッチ
　　で、花はスミルナステッチでふっくらと刺繍します。

**3**　花びらの中心にビーズを横形で4つ刺します。

**4** 3で刺したビーズの間に黄色のビーズを縦形で1つ刺します。

**5** ストレートステッチで茎を束ねたリボンを刺してから、リボンステッチでリボンを作って花束を完成させます。

# カーネーション

感謝の気持ちを込めて、枯れることのない
カーネーションを贈ってみてください。
完成した刺繍を額縁に入れれば、心のこもった贈り物になります。

**図案・page 231**

| 使用した糸 | 225　● 347　● 349　● 350　● 351　● 520　　819　● 3013　● 3345　● 3346　● 3862 |
|---|---|
| | ● 3863　● E436（DMCライトエフェクト糸） |
| 使用したステッチ | バスケットS、ステムS、サテンS、レゼーデージーS、アウトラインS、バックS、 |
| | スパイダーウェブローズS、レゼーデージー+ストレートS2、キャストオンSI・S2、 |
| | ウーブンピコットS、スミルナS3、フレンチノットS、ストレートS、リボンS |

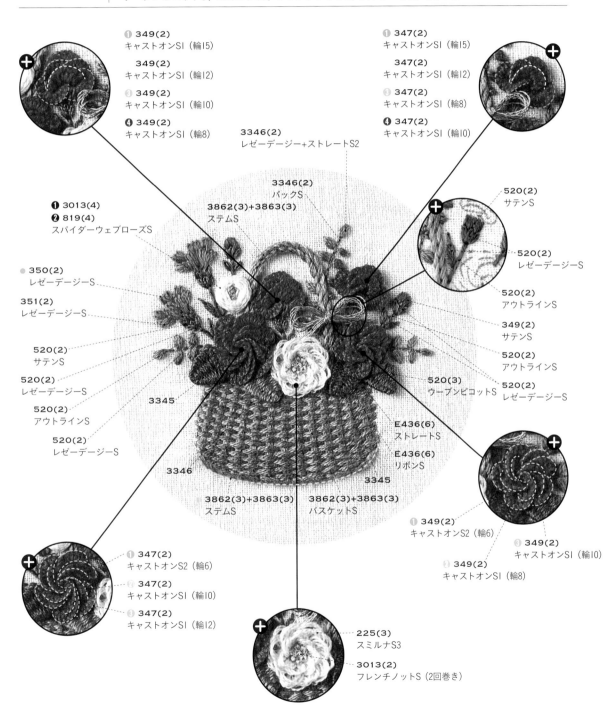

● 349(2)
キャストオンSI（輪15）

349(2)
キャストオンSI（輪12）

● 349(2)
キャストオンSI（輪10）

❹ 349(2)
キャストオンSI（輪8）

● 347(2)
キャストオンSI（輪15）

347(2)
キャストオンSI（輪12）

● 347(2)
キャストオンSI（輪8）

❹ 347(2)
キャストオンSI（輪10）

3346(2)
レゼーデージー+ストレートS2

3346(2)
バックS

3862(3)+3863(3)
ステムS

❶ 3013(4)
❷ 819(4)
スパイダーウェブローズS

● 350(2)
レゼーデージーS

351(2)
レゼーデージーS

520(2)
サテンS

520(2)
レゼーデージーS

520(2)
アウトラインS

520(2)
レゼーデージーS

3345

520(2)
サテンS

520(2)
レゼーデージーS

520(2)
アウトラインS

349(2)
サテンS

520(2)
アウトラインS

520(3)
ウーブンピコットS

520(2)
レゼーデージーS

E436(6)
ストレートS

E436(6)
リボンS

3346

3345

3862(3)+3863(3)
ステムS

3862(3)+3863(3)
バスケットS

● 347(2)
キャストオンS2（輪6）

● 347(2)
キャストオンSI（輪10）

● 347(2)
キャストオンSI（輪12）

● 349(2)
キャストオンS2（輪6）

● 349(2)
キャストオンSI（輪10）

● 349(2)
キャストオンSI（輪8）

225(3)
スミルナS3

3013(2)
フレンチノットS（2回巻き）

**1** かごは上から下に向かってバスケットステッチでジグ
ザグに刺繍していき、一番下の底と取っ手の部分はス
テムステッチで刺します。

**2** 上の部分の葉と茎を1つずつ図案どおりに刺繍しま
す。茎につながる葉は形によってステッチの長さを調
節します。

**3** サテンステッチで両側の赤いつぼみを刺繍し、前方
にあるバラをスパイダーウェブローズステッチで刺し
ます。後ろのカーネーションは図案に合わせてレゼー
デージーステッチで刺繍します。

**4** かごにかかった葉をウーブンピコットステッチで刺繍
します。横向きのカーネーションは青い点から針を出
して、下の花びらから1枚ずつ刺繍します。

**5** 正面を向いているカーネーションはキャストオンス
テッチの輪形で真ん中を刺し（Ⓐ）、1列目を刺繍します
（Ⓑ）。続いて1列目の間から針を抜いて2列目を刺
します（Ⓒ）。

**6** 真ん中の花は、スミルナステッチの重なった輪形で3
列刺し、内側をフレンチノットステッチで埋めます。

**7** かごの取っ手にストレートステッチを1目刺して、その間に糸を入れてリボンステッチでリボンを作ります。

**8** カーネーションの花かごの完成です。

*White*

スノードロップ／シロツメクサ

百合／ワックスフラワー

#5
白い花

# スノードロップ

1月1日の誕生花で、花言葉は"希望"だそうです。
清楚な美しさを感じさせる一方で、寒さを乗り越えて雪の中で
咲く強い生命力があるため、いっそう魅力的な花です。

**図案・page 232**

| 使用した糸 | ● 319 ● 520 ◎ 3013 ● 3362 ● 3363 ◎ 3364　3866 ○ BLANC ○ 991B（アップルトンウール） |
|---|---|
| 使用したステッチ | ステムS、スプリットS、サテンS、スミルナSt、バックS |

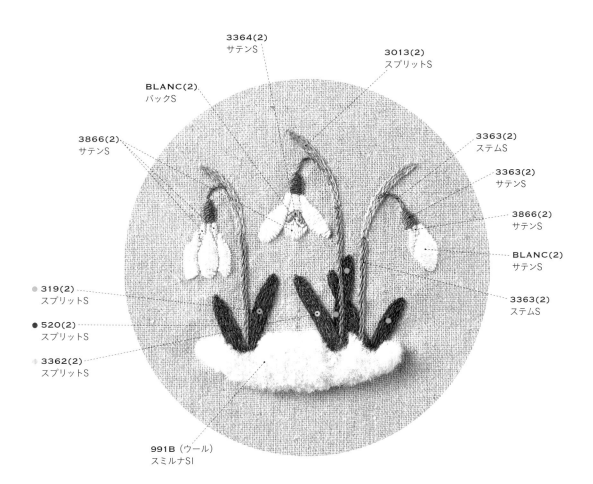

3364(2)
サテンS

3013(2)
スプリットS

BLANC(2)
バックS

3866(2)
サテンS

3363(2)
ステムS

3363(2)
サテンS

3866(2)
サテンS

BLANC(2)
サテンS

3363(2)
ステムS

● 319(2)
スプリットS

● 520(2)
スプリットS

◇ 3362(2)
スプリットS

991B（ウール）
スミルナSt

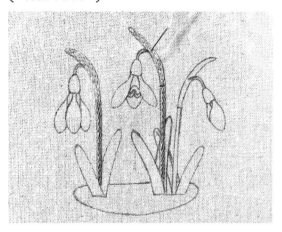 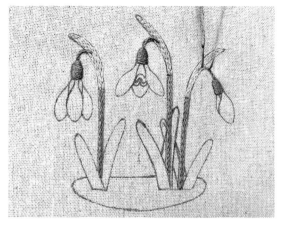

**1** 花軸の下部をステムステッチで、上部をスプリットステッチで刺します。

**2** 鐘状のガクをサテンステッチで細かく刺繍し、曲がって垂れ下がっている花柄をステムステッチで刺します。

POINT：曲線の部分は、1目を1〜2mm程度にかなり細かく刺すと自然に見えます。

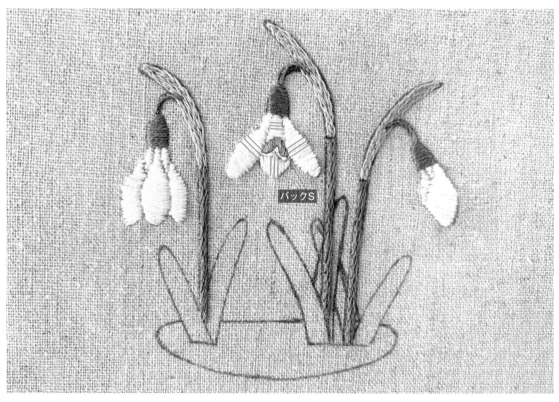

バックS

**3** 白い花びらはサテンステッチで広い面から狭い面の順に刺繍します。白い花びらと黄緑色の花びらの境目部分をバックステッチで表現します。

POINT：花びらのキメをしっかり合わせて刺繍してください。

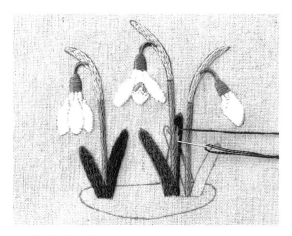

**4** 葉は細長い形を生かすようにスプリットステッチで刺繍します。

POINT：葉が重なっている部分は、前にある葉を先に刺繍してください。

**5** 雪が積もった感じを表現するために991B糸の2本どりで刺繍します。

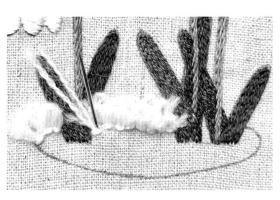

**6** 玉留めをせずにスミルナステッチを細かく刺します。

POINT：ステッチの輪の長さは5〜8mm程度にして、長くなりすぎないようにしてください。

**7** 図案を埋めたら、輪を切って長さを整えれば完成です。

# シロツメクサ

公園の芝生や遊歩道でよく見られる身近な花です。
シロツメクサで花の冠を作った思い出を込めて表現しました。

**図案・page 233**

| 使用した糸 | ● 890 ● 934 ● 986 ● 987 ● 3053 　 3866 ○ BLANC |
|---|---|
| 使用した**ステッチ** | サテンS、バックS、ストレートS、フィッシュボーンS、ステムS、ドリズルS |

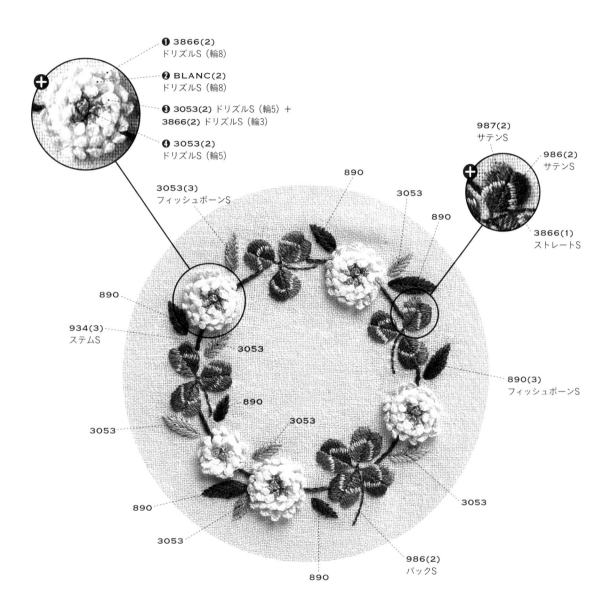

❶ 3866(2)
ドリズルS（輪8）

❷ BLANC(2)
ドリズルS（輪8）

❸ 3053(2) ドリズルS（輪5）＋
3866(2) ドリズルS（輪3）

❹ 3053(2)
ドリズルS（輪5）

987(2)
サテンS

986(2)
サテンS

3866(1)
ストレートS

3053(3)
フィッシュボーンS

890

3053

890

890

934(3)
ステムS

3053

890(3)
フィッシュボーンS

3053

890

3053

890

3053

890

3053

986(2)
バックS

890

**1** 葉を半分に分けて、同じ色だけを先にサテンステッチで刺繍します。

**2** 別の色で葉の反対側も刺繍してから、茎をバックステッチで刺します。

**3** 熱で消えるペンで葉の上に模様を描き、その線に沿って短いストレートステッチを地のサテンステッチと同じ方向に刺します。

**POINT**：模様を刺繍する際に糸を強く引きすぎると、サテンステッチの間に針目が埋まってしまうことがありますので、力加減には気をつけてください。

4 葉はフィッシュボーンステッチで刺繍し、太い茎はステムステッチで曲線を生かして刺繍します。

5 花びらはドリズルステッチで外側から1列ずつ刺繍します。1列目は図案に沿って刺し、2列目は1列目にぴったりつけて細かく刺繍していきます。

6 3列目は2段ドリズルステッチを刺繍します。まず3053番糸で輪を5つ刺します。

7 6で刺したステッチの輪の中に再び針を入れて、3866番糸で輪を3つ追加で刺します。

8 黄緑色の上に白が載った2段ドリズルステッチの完成です。

9 花の中央は3053番糸で輪が5つのドリズルステッチを刺繍します。

# 百合

見ているだけで濃密な香りが漂うような百合を刺繍してみてください。
立体ステッチを活用して花を豊かに表現するのがポイントです。

**図案・page 234**

| 使用した糸 | 10 ● 221 ● 520　772 ● 841 ● 3363　3866 ○ BLANC |
|---|---|
| 使用したステッチ | チェーンS、スプリットS、バックS、ウーブンピコットS、ドリズルS、アウトラインS |

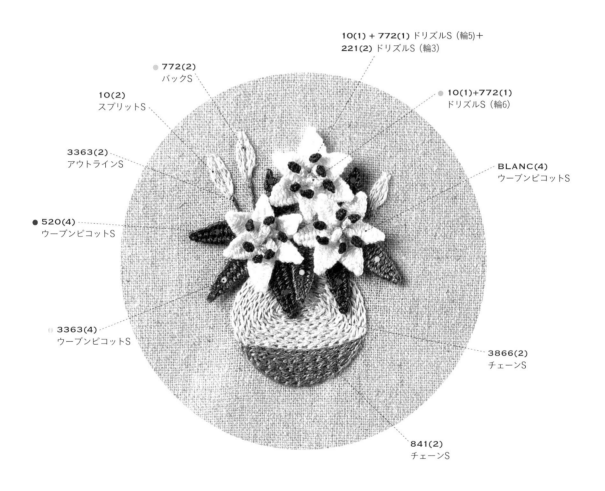

10(1) ＋ 772(1) ドリズルS（輪5）＋
221(2) ドリズルS（輪3）

● 10(1)＋772(1)
ドリズルS（輪6）

● 772(2)
バックS

10(2)
スプリットS

3363(2)
アウトラインS

BLANC(4)
ウーブンピコットS

● 520(4)
ウーブンピコットS

○ 3363(4)
ウーブンピコットS

3866(2)
チェーンS

841(2)
チェーンS

（ 刺繍の仕方 ）

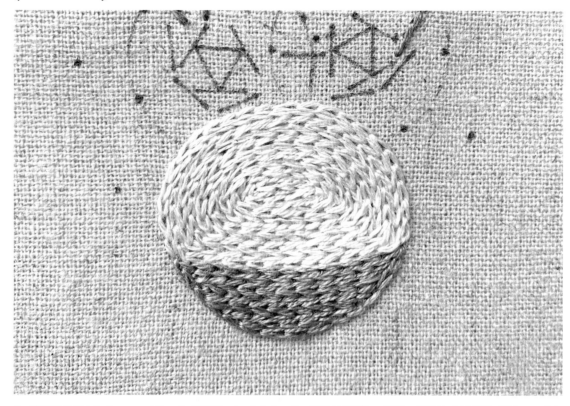

**1** 花瓶は外側からチェーンステッチで刺繍していきます。白い部分は円形に、茶色い部分はジグザグに埋めていくと簡単です。

**2** つぼみはとがった形を生かしてスプリットステッチで刺繍し、境目の部分をバックステッチで刺します。アウトラインステッチでつなげて茎を刺していきます。

**3** 花びらは内側の3枚をウーブンピコットステッチで先に刺繍します。外側の花びらは内側の花びらを少しめくった状態にして間に1枚ずつ合計3枚を刺繍します。

**4** 雄しべ6本を2段ドリズルステッチで円形に刺繍し、その中央に雌しべをドリズルステッチで刺します。

**5** 花びらの間にある葉をウーブンピコットステッチで刺繍して完成させます。

POINT：花びらを手でめくって葉を刺繍してください。この時、針に花びらが引っかからないように注意してください。

# ワックスフラワー

花びらからほんのりとしたツヤとなめらかな質感が感じられることから、
ワックスフラワーと名付けられました。
小さな花びらたちがとても可愛いでしょう？
花が枯れてしまって気落ちした心を刺繍で癒します。

**図案・**page 235

| 使用した糸 | ● 471 ● 734 746 ● 840 ● 841 ● 3362 ● 3363 ● 3778 ○ 3865 |
|---|---|
| 使用したステッチ | スプリットS、アウトラインS、サテンS、フレンチノットS、キャストオンS2 |

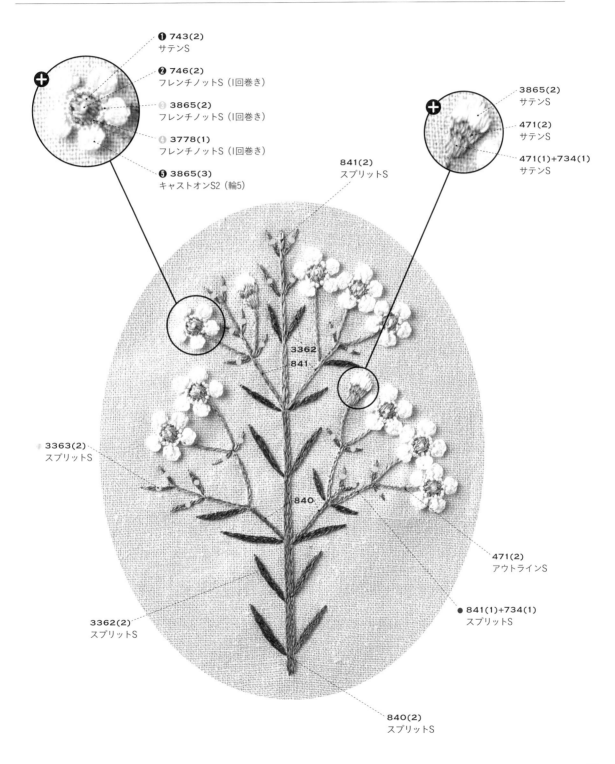

❶ 743(2)
サテンS

❷ 746(2)
フレンチノットS（1回巻き）

❸ 3865(2)
フレンチノットS（1回巻き）

❹ 3778(1)
フレンチノットS（1回巻き）

❺ 3865(3)
キャストオンS2（輪5）

3865(2)
サテンS

471(2)
サテンS

471(1)+734(1)
サテンS

841(2)
スプリットS

3362
841

3363(2)
スプリットS

840

471(2)
アウトラインS

● 841(1)+734(1)
スプリットS

3362(2)
スプリットS

840(2)
スプリットS

## （ 刺繍の仕方 ）

**1** 真ん中の太い枝と小枝はスプリットステッチで下から上に刺します。花につながる茎はアウトラインステッチで、葉はスプリットステッチでとがった形を生かして刺繍します。

　POINT：枝の色が変わる部分は半目先ではなく、1目先に入れた状態で仕上げてください。

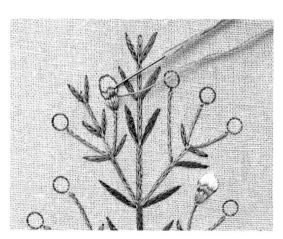

**2** サテンステッチでつぼみを刺繍します。境目に隙間ができないように細かく埋めていきます。

**3** 花の中心部分をサテンステッチで刺し、真ん中に1回巻きのフレンチノットステッチを施します。

　POINT：フレンチノットステッチを刺す時に糸を強く引きすぎるとステッチが埋もれてしまうことがあります。サテンステッチの上に載せるように優しく引っ張ってください。

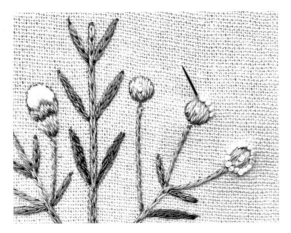

**4** 3で刺したサテンステッチにぴったり沿わせてフレンチノットステッチを細かく1列刺していきます。

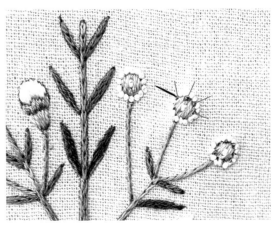

**5** 3で刺繍したサテンステッチと4で刺したフレンチノットステッチの間に一定の間隔で小さなフレンチノットステッチを刺します。

**POINT**：先に刺した白いフレンチノットステッチ2つにつき1つの赤いフレンチノットステッチを刺すときれいです。

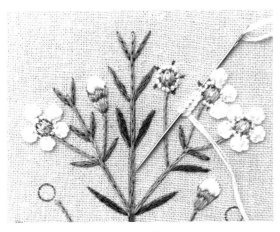

**6** 熱で消えるペンで花びらの位置に印をつけ、キャストオンステッチで刺繍していきます。

**7** ワックスフラワーの完成です。

# Special Color

4つの鉢植え／秋の花車

ハロウィーンパンプキン／クリスマスの花束

# #6

特別な色の組み合わせ

# 4つの鉢植え

色も形も違う4つの花を白い鉢植えにした可愛い刺繍です。
お好きな花の色だけを変えて、ポーチのような小物にも
刺繍してみてください。

**図案・page 236**

| 使用した糸 | 4つの鉢植え | ● 156　● 451　● 600　● 779　● 792　● 890　● 895　● 986　● 987　● 3011 | | | | | | | | | |
| | | ● 3779　● 3807　● 3852　　3866 | | | | | | | | | |
| | ヒヤシンスの鉢 | ● 600　　677　● 779　● 823　● 834　● 986　● 987　● 3012　● 3790 | | | | | | | | | |
| | | ● 3807　● 842 | | | | | | | | | |

| 使用した<br>ステッチ | 4つの鉢植え | バスケットS、ステムS、リングS、スプリットS、ストレートS、レゼーデージーS、<br>フレンチノットS、アウトラインS、ブランケットS、サテンS、ホイップドリングS |
| | ヒヤシンスの鉢 | バスケットS、ステムS、スプリットS、ストレートS、レゼーデージーS、<br>フレンチノットS、アウトラインS |

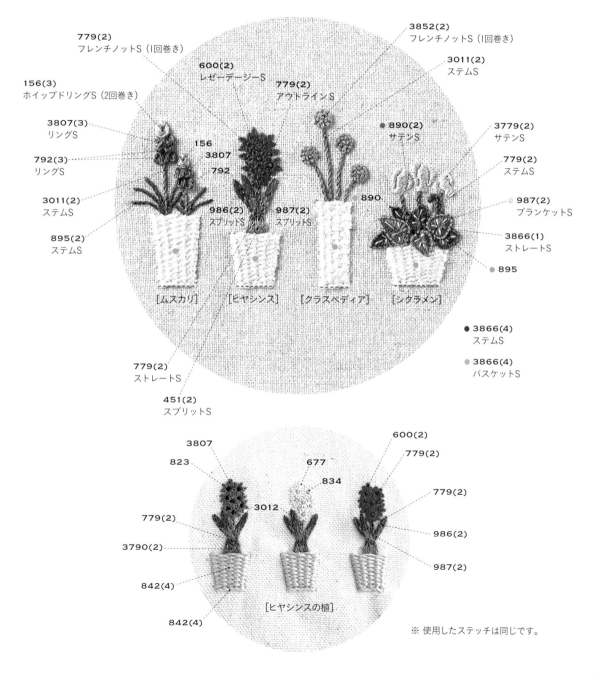

779(2)<br>フレンチノットS（I回巻き）

156(3)<br>ホイップドリングS（2回巻き）

600(2)<br>レゼーデージーS

779(2)<br>アウトラインS

3852(2)<br>フレンチノットS（I回巻き）

3011(2)<br>ステムS

3807(3)<br>リングS

156<br>3807<br>792

890(2)<br>サテンS

3779(2)<br>サテンS

792(3)<br>リングS

779(2)<br>ステムS

3011(2)<br>ステムS

890

987(2)<br>ブランケットS

895(2)<br>ステムS

986(2)<br>スプリットS

987(2)<br>スプリットS

3866(1)<br>ストレートS

895

[ムスカリ]　[ヒヤシンス]　[クラスペディア]　[シクラメン]

779(2)<br>ストレートS

451(2)<br>スプリットS

● 3866(4)<br>ステムS

● 3866(4)<br>バスケットS

3807<br>823

677<br>834

600(2)<br>779(2)

779(2)<br>3012

779(2)

779(2)

3790(2)

986(2)

842(4)

987(2)

[ヒヤシンスの植]

842(4)

※ 使用したステッチは同じです。

**1** バスケットステッチで下から上に刺します。クラスペ
ディアの鉢は2列ずつ交互に刺して質感を変えて表現
します。

POINT：糸を一方向に通すと厚みが出ます。

**2** バスケットステッチのすぐ下にステムステッチを刺繍
します。

**3** ムスカリの葉と茎をステムステッチで細かく刺繍しま
す。花びらは下からリングステッチで刺し、一番上の
花びらは2回巻きのホイップドリングステッチで刺繍
します。

**4** ヒヤシンスの葉はスプリットステッチで2色が自然に
つながるように刺繍します。

**5** 下の根の部分をスプリットステッチで刺し、葉とつな
がる部分はストレートステッチで質感を表現します。
花と茎を図案どおりに刺します。

**6** クラスペディアの茎をステムステッチで曲線を生かし
て刺繍します。花はフレンチノットステッチで輪郭か
ら円形に刺繍し始めて内側に埋めていきます。

**7** シクラメンの葉をブランケットステッチで細かく刺繍
します。葉の間の空いた部分をサテンステッチで埋め
て、葉の模様をストレートステッチで描きます。

**8** シクラメンの花をサテンステッチで、茎をステムス
テッチで刺繍します。

POINT：茎と葉が重なる部分は熱で消えるペンで線をあらかじ
め描いておくと刺しやすいです。

### （　図案の応用：ヒヤシンスの鉢　）

4つの鉢植えの手順 **4 ～ 5** を参考にしてください。植木
鉢はバスケットステッチで下から上に刺繍し、一番下の
部分はステムステッチで仕上げます。葉と根は2色のグ
ラデーションになるように刺繍し、茎と花びらを順番に
刺繍してください。

POINT：手芸用素材に刺繍する方法は 27 ページを参照してください。

# 秋の花車

秋の紅葉が思い浮かぶ、色鮮やかな花車を刺繍しました。
同じステッチでもさまざまな形の花びらのニュアンスを出すことができます。

**図案・page 236**

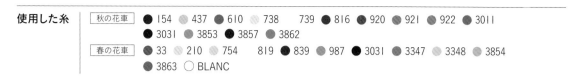

| 使用した糸 | 秋の花車 | ● 154　● 437　● 610　● 738　　739　● 816　● 920　● 921　● 922　● 3011 |
| | | ● 3031　● 3853　● 3857　● 3862 |
| | 春の花車 | ● 33　● 210　● 754　● 819　● 839　● 987　● 3031　● 3347　● 3348　● 3854 |
| | | ● 3863　○ BLANC |

| 使用した ステッチ | バックS、バスケットS、ブランケットリングS、ステムS、サテンS、アウトラインS、<br>レゼーデージー+ストレートS2、バリオンSI・S2、フレンチノットS |
| --- | --- |

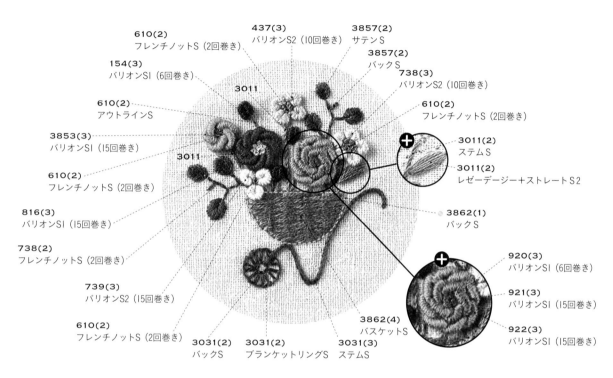

610(2)
フレンチノットS (2回巻き)

437(3)
バリオンS2 (10回巻き)

3857(2)
サテンS

154(3)
バリオンSI (6回巻き)

3857(2)
バックS

738(3)
バリオンS2 (10回巻き)

3011

610(2)
アウトラインS

610(2)
フレンチノットS (2回巻き)

3011(2)
ステムS

3853(3)
バリオンSI (15回巻き)

3011

3011(2)
レゼーデージー+ストレートS2

610(2)
フレンチノットS (2回巻き)

816(3)
バリオンSI (15回巻き)

3862(1)
バックS

738(2)
フレンチノットS (2回巻き)

739(3)
バリオンS2 (15回巻き)

920(3)
バリオンSI (6回巻き)

921(3)
バリオンSI (15回巻き)

610(2)
フレンチノットS (2回巻き)

3862(4)
バスケットS

922(3)
バリオンSI (15回巻き)

3031(2)
バックS

3031(2)
ブランケットリングS

3031(3)
ステムS

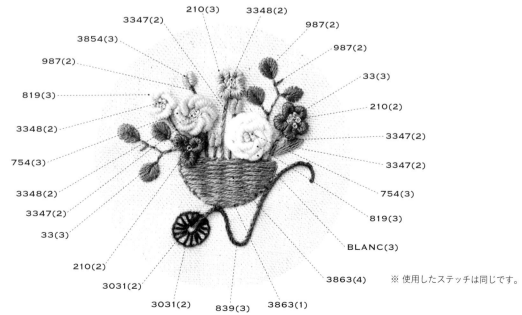

210(3)

3348(2)

3347(2)

987(2)

3854(3)

987(2)

987(2)

33(3)

819(3)

210(2)

3348(2)

3347(2)

754(3)

3347(2)

3348(2)

754(3)

3347(2)

819(3)

33(3)

BLANC(3)

210(2)

3863(4)

3031(2)

3031(2)

839(3)

3863(1)

※ 使用したステッチは同じです。

## （ 刺繍の仕方 ）

**1** ワゴンの輪郭はバックステッチで刺し、内側はバスケットステッチで刺繍します。

POINT：半月形のワゴンは、上から始めると面を埋めやすくなります。

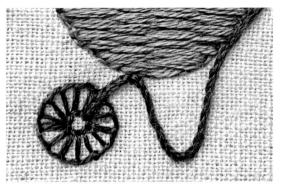

**2** 車輪はブランケットリングステッチで刺し、内側の小さな円はバックステッチで刺します。車輪とつながっているハンドル部分はステムステッチで曲線を生かして刺繍します。

**3** 枝はバックステッチで厚みが出ないよう薄く、葉はサテンステッチで丸みを生かしてふっくらと刺繍します。

**4** つぼみの茎はアウトラインステッチで、花の茎はステムステッチで細かく刺します。葉はとがった形を生かして刺し、つぼみはバリオンステッチを並べて刺します。

**5** 黄色系の花は花びらの枚数に合わせてバリオンステッチの輪形で刺繍して真ん中にフレンチノットステッチで雄しべを刺します。

**6** 赤と薄いオレンジ色の花はバリオンステッチを連結させて刺繍し、真ん中にフレンチノットステッチで雄しべを刺します。

**7** 濃いオレンジ色の花は内側にバリオンステッチを並べて刺繍します。この内側のステッチを包むように1列ずつ外側まで刺していきます。

**POINT**：花びらを等間隔に刺繍するため、2列目を8つに分けます。一番上の頂点（Ⓐ）から針を出して、右方向（Ⓑ）に入れてバリオンステッチを続けてください。

**8** 秋の花車の完成です。

( **図案の応用：春の花車** )

刺繍の仕方は秋の花車の手順 **1** ～ **8** と同じです。

**POINT**：全体の色をすべて同じトーン（明度＋彩度）にするとアクセントがなく、のっぺりと見えてしまうことがあります。トーンの強弱を生かして面積の大きい部分に明度が高く彩度が低い色を使い、合間には明度が中間で彩度が高い色を使って変化を加えると単調にならずに作れます。もちろん好みで全体を似たトーンでほのかな色合いにすることもできます。

# ハロウィーン
# パンプキン

ハロウィーンパンプキンを花瓶に見立て、
花を活けたように豊かに刺繍してみてください。
立体ステッチを適度に混ぜると、華やかな花刺繍ができあがります。

**図案・page 237**

| 使用した糸 | ● 22 ● 29 ● 154 ● 610 ○ 437 ○ 738　739 ● 816 ● 902 ● 920 ● 921 ● 922 ● 935 |
|---|---|
| | ● 3011 ● 3031 ● 3781 ● 3853 ● 3857 |
| 使用したステッチ | スプリットS、チェーンS、スミルナS2・S3、フレンチノットS、ドリズルS、サテンS、キャストオンS2、 |
| | アウトラインS、バックS、レゼーデージーS、レゼーデージー+ストレートSl、 |
| | フィッシュボーンS、フライリーフS、ストレートS、ウーブンピコットS、スパイダーウェブローズS |

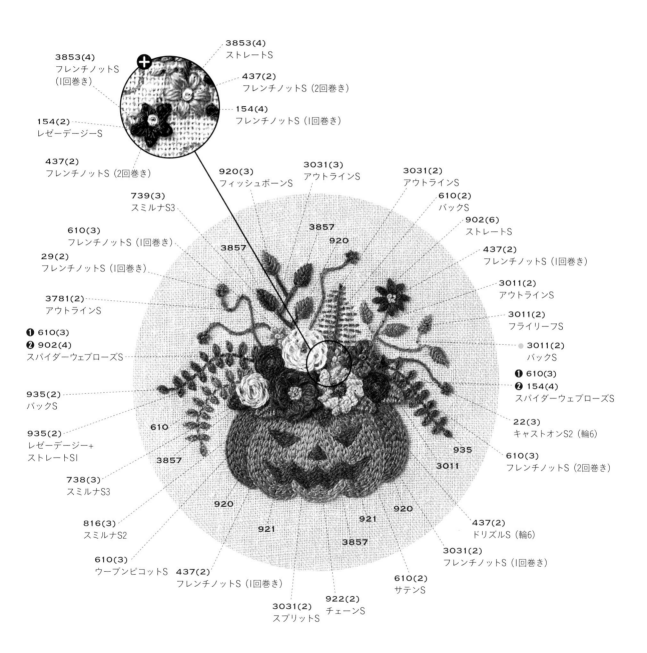

3853(4)
フレンチノットS
(1回巻き)

3853(4)
ストレートS

437(2)
フレンチノットS（2回巻き）

154(4)
フレンチノットS（1回巻き）

154(2)
レゼーデージーS

437(2)
フレンチノットS（2回巻き）

920(3)
フィッシュボーンS

3031(3)
アウトラインS

3031(2)
アウトラインS

610(2)
バックS

739(3)
スミルナS3

902(6)
ストレートS

610(3)
フレンチノットS（1回巻き）

3857

920

437(2)
フレンチノットS（1回巻き）

29(2)
フレンチノットS（1回巻き）

3857

3011(2)
アウトラインS

3781(2)
アウトラインS

3011(2)
フライリーフS

● 3011(2)
バックS

❶ 610(3)
❷ 902(4)
スパイダーウェブローズS

❶ 610(3)
❷ 154(4)
スパイダーウェブローズS

935(2)
バックS

22(3)
キャストオンS2（輪6）

935(2)
レゼーデージー+
ストレートSl

610

3857

935

3011

610(3)
フレンチノットS（2回巻き）

738(3)
スミルナS3

920

921

920

437(2)
ドリズルS（輪6）

816(3)
スミルナS2

921

3857

3031(2)
フレンチノットS（1回巻き）

610(3)
ウーブンピコットS

437(2)
フレンチノットS（1回巻き）

610(2)
サテンS

3031(2)
スプリットS

922(2)
チェーンS

## （ 刺繍の仕方 ）

**1** パンプキンの目、鼻、口をスプリットステッチで輪郭から刺し始め、内側まで細かく埋めます。

**2** パンプキンはチェーンステッチで内側から外側へ、明るい色から順に刺繍します。

**POINT**：目、鼻、口の周りを刺す時は、刺繍が施された部分の下に斜めに針を入れてから出して隙間ができないようにしてください。

**3** 立体的な刺繍で刺す花を除き、茎と葉と布についている花を図案どおりに1つずつ刺繍します。

**4** 左の薄い黄色の花びらは、スミルナステッチの重なった輪形を利用して、らせん状に花びらの真ん中まで細かく刺します。

**5** 赤い花びらはスミルナステッチで外側から1列ずつ刺します。

**6** 赤い花の中心部分にフレンチノットステッチで雄しべを刺繍します。

**7** 下の薄い黄色の花びらは、ドリズルステッチで刺し、
フレンチノットステッチとサテンステッチで雄しべを
表現します。

**8** 上の赤い花はキャストオンステッチの輪形を4つ刺し
て花びらを作り、フレンチノットステッチで雄しべを
刺繍します。

**9** 上の花びらはスミルナステッチが重なり合った輪形
で、内側に行くにつれ輪の長さを少しずつ短くして刺
します。真ん中はフレンチノットステッチで雄しべを
表現します。

# クリスマスの花束

緑の葉と赤いバラ、そして白い綿花の組み合わせが
クリスマスの雰囲気を醸し出す花刺繍です。
枠に紐をつければツリーのオーナメントにもできます。

**図案・page 238**

| 使用した糸 | クリスマスの花束 | ● 8　● 890　● 895　● 816（DMC5番糸）　● E3821（DMCライトエフェクト糸） |
|---|---|---|
| | | ○ 991B（アップルトンウール） |
| | クリスマスツリー | ● 8　● 839　● 890　● 895　● 816（DMC5番糸）　● E3821（DMCライトエフェクト糸） |
| | | ○ 991B（アップルトンウール） |
| | クリスマスリース | ● 500　● 801　● 816　● 839　● 934　● 935　● 3862　○ 991B（アップルトンウール） |
| 使用した<br>ステッチ | クリスマスの花束 | ストレートS、レゼーデージー+ストレートS1、アウトラインS、<br>レゼーデージーS、フレンチノットS、スパイダーウェブローズS、ホイップドリングS |
| | クリスマスツリー | ストレートS、レゼーデージー+ストレートS1、アウトラインS、レゼーデージーS、<br>フレンチノットS、スパイダーウェブローズS、ホイップドリングS、チェーンS |
| | クリスマスリース | フレンチノットS、バックS、サテンS、ストレートS、レゼーデージーS、<br>アウトラインS、スパイダーウェブローズS、ホイップドリングS |

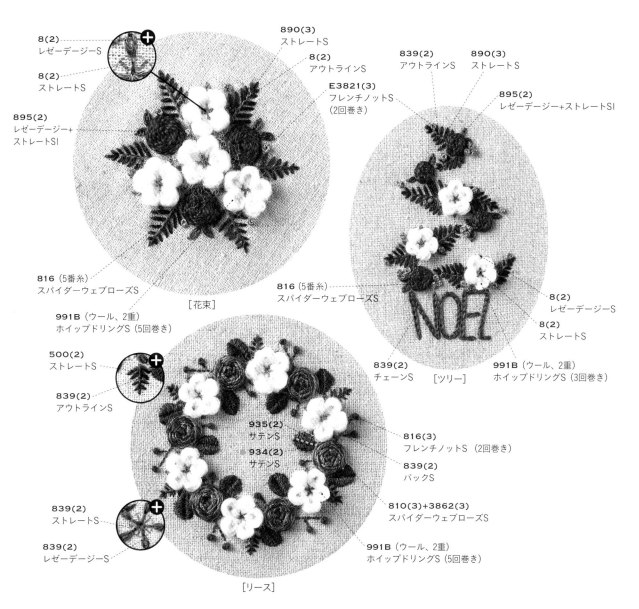

8(2)
レゼーデージーS

8(2)
ストレートS

895(2)
レゼーデージー+
ストレートS1

816（5番糸）
スパイダーウェブローズS

[花束]

890(3)
ストレートS

8(2)
アウトラインS

E3821(3)
フレンチノットS
（2回巻き）

839(2)
アウトラインS

890(3)
ストレートS

895(2)
レゼーデージー+ストレートS1

816（5番糸）
スパイダーウェブローズS

8(2)
レゼーデージーS

8(2)
ストレートS

839(2)
チェーンS

[ツリー]

991B（ウール、2重）
ホイップドリングS（3回巻き）

991B（ウール、2重）
ホイップドリングS（5回巻き）

500(2)
ストレートS

839(2)
アウトラインS

839(2)
ストレートS

839(2)
レゼーデージーS

935(2)
サテンS

934(2)
サテンS

816(3)
フレンチノットS　（2回巻き）

839(2)
バックS

810(3)+3862(3)
スパイダーウェブローズS

991B（ウール、2重）
ホイップドリングS（5回巻き）

[リース]

## （ 刺繍の仕方 ）

**1** ストレートステッチの1目の長さを調節しながら葉を刺繍します。アウトラインステッチで茎をまっすぐ刺します。

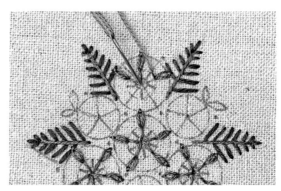

**2** レゼーデージーステッチの下にストレートステッチを刺し、綿花の殻の部分を表現します。

**3** 2回巻きのフレンチノットステッチで金色の装飾を刺繍します。

**4** 小さい葉はレゼーデージーステッチでとがった形を表現し、バラの花を3つスパイダーウェブローズステッチで刺繍します。

**5** ふっくらした綿花を表現するために991B糸の両端を一緒に玉結びにして2本どりで使います。

**POINT**：刺繍糸を使用する場合は、通常必要な糸の本数だけを針に通して片端を玉結びにしますが、ウール糸は糸が太く数本を通しにくいので両端を結んで使うこともあります。

**6** 補助針を使って、綿花の綿をホイップドリングステッチでふっくらと刺繍します。

**POINT**：花びらを反時計回りに刺していくと、先に刺したステッチの影響を受けずに糸を巻くことができます。補助針を円の端（A）の部分に近づけて渡し、糸を引き締めて細かく刺してください。

**7** バラと綿花が調和したクリスマスの花束の完成です。

### ( 図案の応用 1：クリスマスツリー )

**1** クリスマスの花束の手順 **1 ～ 6** を参考にしてツリーを刺してください。

**2** チェーンステッチで "NOEL" の文字を刺してください。

### ( 図案の応用 2：クリスマスリース )

**1** 細い葉、茎、綿花の殻はクリスマスの花束の手順 **1 ～ 4** を参考にして刺繍してください。

**2** 丸い葉はサテンステッチで刺繍してください。赤い実はフレンチノットステッチで、実につながる茎の部分はバックステッチで細かく刺してください。

**3** 茶色い松ぼっくりは、2 色の糸でスパイダーウェブローズステッチを刺し、松ぼっくりの形を表現してください。

**4** クリスマスの花束の手順 **5 ～ 6** を参考にして、綿花を刺繍して完成させてください。

Supplement

付録：実物大図案

# ステッチ練習1

HOW TO MAKE · page 090

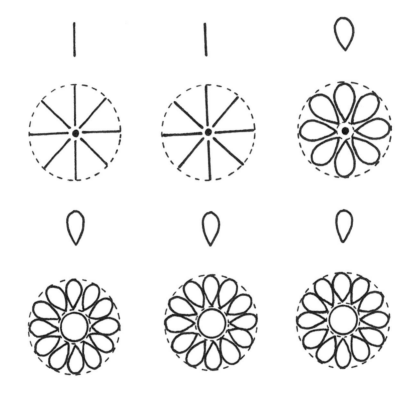

# ステッチ練習 2

HOW TO MAKE・page 091

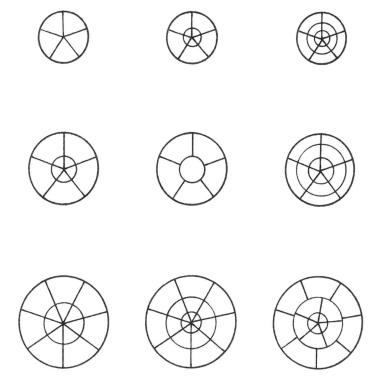

# ステッチ練習3

HOW TO MAKE・page 092

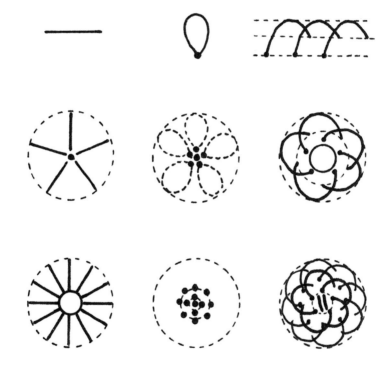

# ステッチ練習4

HOW TO MAKE · page 093

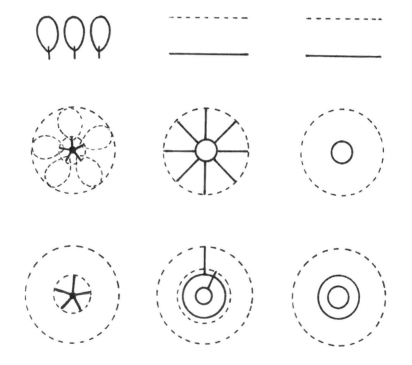

# ステッチ練習5

HOW TO MAKE · page 094

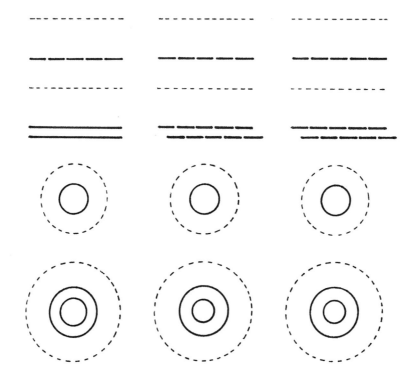

# ステッチ練習6

HOW TO MAKE・page 095

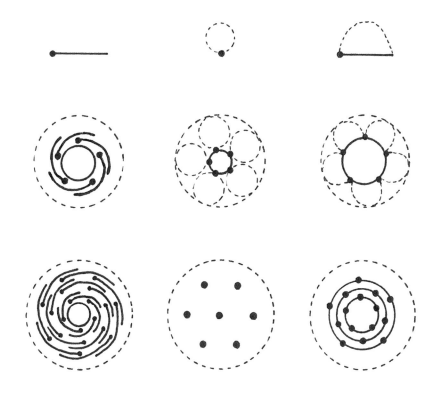

# ステッチ練習 7

HOW TO MAKE・page 096

# ステッチ練習 8

HOW TO MAKE・page 097

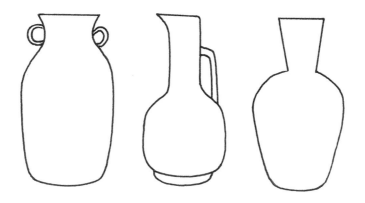

# ステッチ練習 9

HOW TO MAKE・page 097

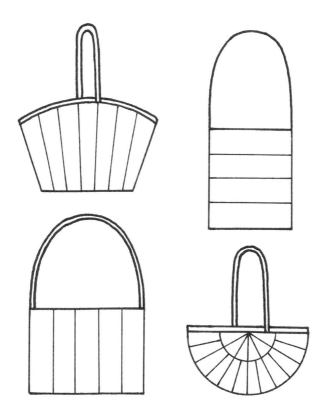

# ラベンダー

HOW TO MAKE · page 102

# ブルースター

HOW TO MAKE · page 106

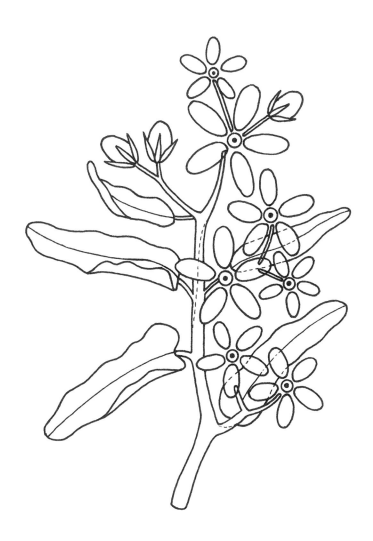

# ブルーエルフィン

HOW TO MAKE・page 110

# クレマチス

HOW TO MAKE · page 114

# ひまわり

HOW TO MAKE · page 120

# 菜の花

HOW TO MAKE · page 124

# アイスランドポピー

HOW TO MAKE · page 128

# りんごの花

**HOW TO MAKE** • page 138

# 梅の花

HOW TO MAKE · page 142

# 桜の花

HOW TO MAKE · page 146

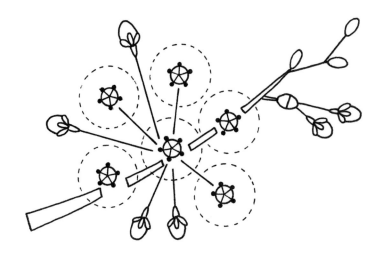

# 小菊

HOW TO MAKE · page 150

# 椿

HOW TO MAKE · page 156

# マツバボタン

**HOW TO MAKE** · page 160

# ポピー

HOW TO MAKE · page 164

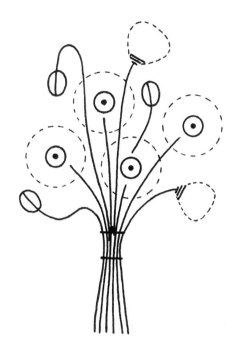

# カーネーション

HOW TO MAKE · page 168

# スノードロップ

HOW TO MAKE · page 174

# シロツメクサ

HOW TO MAKE・page 178

# 百合

**HOW TO MAKE** • page 182

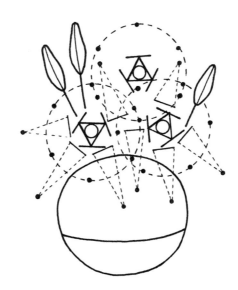

# ワックスフラワー

HOW TO MAKE・page 186

# 4つの鉢植え

HOW TO MAKE · page 192

# 秋の花車

HOW TO MAKE · page 196

# ハロウィーンパンプキン

**HOW TO MAKE** · page 200

# クリスマスの花束

HOW TO MAKE・page 204

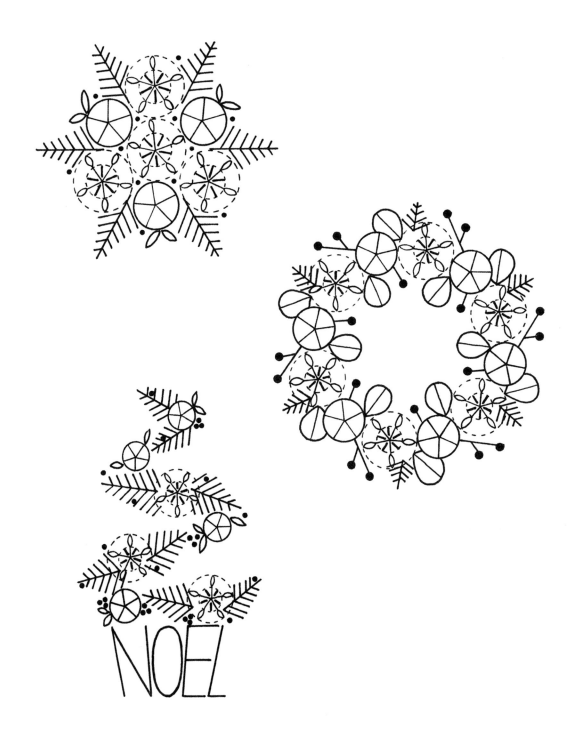

**著者プロフィール**

**チャン・ミナ（ミナランド）**
弘益大学校美術大学で彫塑を専攻してか
ら、靴デザイナーとして6年間働きまし
た。趣味で始めていたフランス刺繍の魅
力に引き込まれ、今は刺繍作家として活
動しています。美しい花を盛り込んだ作
品が得意です。国内外のさまざまな人と
交流しながら、クラス101で刺繍のオンラ
イン教室を教えています。

Instagram：@_minaland_

**日本語版スタッフ**

翻　訳　　　　　　　　　　関谷敦子
翻訳協力　　　　　　　　　株式会社　ラパン　https://www.lapin-inc.com/
カバーデザイン、デザイン協力　鈴木悦子（プールグラフィックス）
編　集　　　　　　　　　　アリーチェ・コーミ（ホビージャパン）


**原書スタッフ**

総括：イム・ギュグン
編集責任者：クォン・ヒョンスク
企画編集者：ユン・チェソン
デザイン：キム・アラン
校正校閲：パク・ジョンス
写真：チョン・ヨンジュ（CL Studio）
制作：パク・ソンウ、キム・ジョンウ

# ステッチひとつで花開く はじめての刺繍レッスン

2023年 8月21日　初版発行

著　者 チャン・ミナ（ミナランド）

発行人 松下大介

発行所 株式会社ホビージャパン
　　　　〒151-0053　東京都渋谷区代々木2-15-8
　　　　電話　03-5354-7403（編集）
　　　　電話　03-5304-9112（営業）

印刷所　シナノ印刷株式会社